U0934619

财经法治

投资者

INVESTOR

第8辑

（2019年11月）

郭文英　主编

投资者
INVESTOR

卷首语

《投资者》(第8辑)为第二届中小投资者服务论坛实录特辑。为深入学习贯彻习近平新时代中国特色社会主义思想和党的十九大精神,献礼中华人民共和国成立70周年,助力打造"规范、透明、开放、有活力、有韧性的资本市场",夯实投资者权益保护基础性制度,2019年9月6日第二届中小投资者服务论坛(以下简称投服论坛)在上海召开。本届投服论坛由中证中小投资者服务中心(以下简称投服中心)与中国证券业协会共同主办,中国期货业协会、中国上市公司协会以及中国证券投资基金业协会联合举办,上海市虹口区人民政府特别支持。

本届投服论坛的主题是"强化适当性管理　维护投资者权益"。适当性制度是资本市场的一项基础性制度,健全完善适当性制度是投资者合法权益得到有效保护的基础。2017年7月1日《证券期货投资者适当性管理办法》(以下简称《办法》)正式实施。2019年正值《办法》实施两周年,本届投服论坛围绕"强化适当性管理、维护投资者权益"主题,邀请立法、司法及资本市场各界,共同回顾适当性制度实施历程,总结适当性管理工作成果,探讨、研究和完善适当性规则举措,继续夯实投资者权益保护基础性制度。

本辑共设置领导致辞、主题发言、观点集萃三部分,来自最高人民法院、司法部、上海市地方政府、相关法院、检察院、证券监管系统有关部门及单位、证券期货基金公司等中介机构、行业自律组织、专家学者和媒体等270余人碰撞思想火花。通过搭建投服论坛这一交流平台,期望各界人士汇聚一堂,交流思想、分享经验、整合投保资源,共同为中小投资者保护事业发展建言献策,为中小投资者保护事业提供完善的理论与实践指导。

目　　录

CONTENTS

领导致辞

INVESTOR

中国证监会副主席阎庆民在第二届中小投资者服务论坛上的致辞

切实保护好投资者合法权益 努力构建资本市场良好生态

阎庆民*

各位来宾、同志们：

上午好！很高兴在这秋高气爽，丹桂飘香的季节里，同各位嘉宾一道参加第二届中小投资者服务论坛。一年前，我们在北京举行首届论坛，共同聚焦投保问题、建立沟通机制、绘制投保蓝图，与首届论坛相比，本届论坛“强化适当性管理、维护投资者权益”的主题更加细致、聚焦更加明确，与业务结合也更加紧密，通过探讨完善适当性这一资本市场基础性制度，有助于进一步夯实保护投资者合法权益的法治根基。在此，我代表中国证监会对论坛的召开表示热烈祝贺，向出席这次论坛并给予投保工作大力支持的各位来宾和各界朋友表示诚挚的感谢！借此机会，我就如何保护投资者合法权益与大家交流几点看法。

一、中小投资者服务论坛举办一年来，资本市场投资者保护工作发生的新变化

（一）顶层设计更加完善

资本市场投资者保护工作涉及链条长、范围广，需要“自上而下”的统筹规划，中

* 中国证监会副主席。

国证监会一直高度重视投保工作的顶层设计,2019 年又在多个方面有针对性地予以完善、补齐"短板":一是成立由易会满同志任组长,中国证监会各相关业务部门为成员的投资者保护工作领导小组,将各业务领域的投保工作统筹起来,从更高层面研究部署投保领域的重点工作和重大政策。二是以设立科创板并试点注册制为契机,以保护投资者权益为重点,在发行、承销、交易到退市各环节实施了一系列新制度,研究建立责令购回等实实在在帮助投资者在权益受损后得到及时救济的制度。三是设立"5·15 全国投资者保护宣传日",动员社会各方力量,在全国范围内集中开展投保活动,促使全社会形成尊重投资者的良好市场环境。

(二)维权机制有所突破

投资者合法权益的有效保护,直接关系人民群众的切身利益。近一年来,证监会在运用好已有各项维权机制基础上,在一些难点问题上取得了突破。一是首例证券群体性纠纷示范案破题。2019 年 8 月 7 日,上海市高级人民法院就方正科技虚假陈述案作出二审判决,维持上海金融法院一审示范判决。这是全国首例证券纠纷示范判决案件实践,是落实中国证监会与最高人民法院《关于全面推进证券期货纠纷多元化解机制建设的意见》的一项重大举措,标志着"示范判决 + 纠纷调解"这一具有中国特色的投资者维权机制落地实施。二是积极筹建全国性证券期货专业调解组织。建设全国性调解组织,有利于更好地解决跨区域、跨市场、涉众型的纠纷案件,进一步增强调解的公信力和权威性,提高调解工作实力和规范化水平。三是"12386"投资者服务热线更加便捷。2019 年中国证监会将"12386"投资者服务热线投诉直转经营机构的试点范围从北京扩大到上海、江苏、广东、深圳等共 5 个地区,纳入直转机构的投诉量已占热线投诉总量近 60%,大幅减少了诉求流转环节,有效提高了投诉办理效率。

(三)保护成效逐步显现

广大投资者始终与资本市场共同发展、共担风雨,为资本市场建设和发展作出了重要贡献,我们的各项工作最终都要以投资者合法权益是否得到有效保护来评判。我在 2018 年的讲话中提到,投保工作在理念、制度、体系、方式和平台建设等方面发生了全方位的变化。很多制度机制的保护效应正逐步显现。一是围绕投资者关心的重点问题开展工作。2019 年以来,中国证监会加大上市公司违规退市力度,长生生物等上市公司相继退市,我们针对投资者关心的举证责任、投资者损失计算等实际问题,组织力量进行专项研究,研究成果已在相关案例中开始实践。二是围绕资本市场重要改革开展工作。设立科创板是2019年证监会的重点工作，也是广大投资者最关心的事情。为便于投资者更好地了解、参与科创板，中国证监会组织了“走近科创你我同行”专项教育活动，开展了科创板适当性专项检查，为投资者创造了良好的投资环境。三是用好网络平台提高投保覆盖面。中国证监会于2018年开设了中国投资者网，2019年又配套开通了微信公众号。目前，“在线教育”“在线调解”“在线行权”“在线问答”等功能已累计服务全国各地上百万投资者。

二、总结经验，不断探索新时代下保护投资者合法权益的新途径

（一）必须坚持党的领导，站稳资本市场监管人民性的立场

习近平总书记指出：“中国共产党人的初心和使命，就是为中国人民谋幸福，为中华民族谋复兴。”新时代资本市场践行党的初心和使命，重点就是必须始终坚持服务实体经济和保护投资者合法权益的根本方向，这是中国证监会的根本职责。一是只有坚持党的领导，才能正确解答“为了谁、依靠谁”这个重大命题，才能把广大投资者的立场作为资本市场的根本立场，使广大投资者更好分享经济发展的成果。二是只有坚持党的领导，才能团结社会各方，共同致力于投资者保护工作。成立投保工作领导小组，就是要更好地发挥党总揽全局、协调各方的作用，把党带领广大投资者共同建设资本市场和保护投资者合法权益统一起来。三是只有坚持党的领导，才能科学地解决实践中面临的各种问题，克服保护投资者合法权益面临的各种困难，确保资本市场发展始终沿着正确的方向前进。

（二）必须坚持实事求是，充分认识我国资本市场现实情况

我国资本市场从建立至今不足30年，所面临的法律制度、信用体系、市场结构与国外成熟市场相比迥然不同，同时我国中小投资者众多，这在国际上是绝无仅有的。俗话说，“鞋子合不合脚，自己穿了才知道”，任何一种制度都要有其存在和发展的土壤，正是由于始终坚持从国情出发、从市场出发，我们才能在投资者保护制度建设、组织体系、行权保障、教育服务、维权救济、监管执法等方面取得成效。这些做法和经验也得到了国际货币基金组织和世界银行的充分肯定，并向世界各国推荐。

（三）必须坚持解放思想，不断深化投资者保护领域的改革

目前资本市场正在大力推进深化改革，保护投资者合法权益所面临的问题也需要以改革的理念、改革的方法来解决。一是坚持统筹兼顾，处理好整体与局部的关

系。在实际工作中,我们既注重推进投资者保护自身制度机制的建设,也注重完善与资本市场投资者保护工作相配套的环境;既注重解决好当前突出的矛盾和问题,更注重做好"打基础、利长远"的工作。二是坚持务实创新,探索形成有效的投资者保护实践做法。不断加强投资者保护宣传教育和引导,让投资者保护理念深入人心,成为监管机构、市场各方、社会各界的自觉行动。同时,还应及时废弃过时无效的制度,修订脱离实际的制度,完善符合投资者需要的制度,确保法规制度跟上改革步伐。针对投资者诉讼难、赔偿难等痛点难点问题出实招、出硬招,让人民群众对投资者保护工作看得见、摸得着、感受深。

三、坚持以习近平新时代中国特色社会主义思想为指导,努力实现有效保护投资者合法权益的新目标

党中央、国务院高度重视投资者权益保护问题。习近平总书记多次作出重要指示批示,提出要尽快形成投资者合法权益得到充分保护的多层次资本市场体系等要求。2019年8月31日,国务院金融稳定发展委员会第七次会议再次强调保护投资者合法权益并作出专门部署,明确提出要大力保护投资者合法权益,健全资本市场法治体系,加快修订相关法律法规,为满足人民群众财富保值等多元诉求营造良好的市场生态。可以说,市场越发展,越要更加重视保护投资者合法权益,对于下一步工作,我再强调以下三点。

第一,着力增强法治供给,加大赔偿力度,这是保护投资者合法权益的前提。实现资本市场有效监管,离不开法治的方法和手段。中国证监会将陆续推出一系列改革管理措施,为行业发展提供更为有效的制度供给和市场生态。一是进一步健全市场化的资本市场基础性制度。当前,中国证监会正在大力推进证券法及其他相关法律法规的起草制定、修改完善工作,强化法律责任,提升违法违规成本。同时,以股票发行注册制改革为核心,推动形成可复制、可推广的基础性法律制度。二是进一步构建符合我国实际的赔偿救济制度。健全多元化的纠纷解决机制,支持投资者通过民事诉讼维护自身权益,推广"示范判决+纠纷调解"机制实践,推动建立具有中国特色的集体诉讼制度,研究建立投资者赔偿基金。三是进一步加大对证券期货违法违规行为的打击力度。以突出重点、精准打击为执法原则,大力查处欺诈发行、操纵市场、内幕交易等严重影响市场稳定、破坏市场秩序、侵犯投资者利益的违法违规行为,做

好行政执法、刑事司法、民事赔偿的衔接配合。

第二,着力提高上市公司质量,规范经营机构行为,这是保护投资者合法权益的关键。上市公司要坚守“四条底线”,市场经营机构要坚持“四个突出”,真正做到尊重投资者、敬畏投资者。一是给投资者一个真实透明的上市公司。上市公司及大股东要做真账、讲实话,讲投资者明白的话;在规则范围内多进行自愿性、差异化信息披露,减少冗余信息,通过充分有效的信息披露,为投资者理性决策提供基础。二是给投资者一个治理规范的上市公司。上市公司要依法依规保障投资者行使各项股东权利。进一步明确现金分红政策、条件和程序,完善股份回购制度,引导投资者形成稳定回报预期和长期投资理念。三是给投资者一个诚信担当的上市公司。上市公司应充分利用证券交易所等各类互动平台加强与投资者的沟通,在产品质量、环境保护、社会公益等方面积极履行社会责任,树立良好社会形象,提升投资者对市场的信心。四是强化中介机构适当性责任,促进形成主动合规的行业生态。适当性制度是投资者参与资本市场的第一道入口,经营机构首先要有“卖者有责”的意识,把合适的产品销售给合适的投资者,在与投资者发生适当性纠纷时,机构负有证明其履行相应义务的举证责任。要强化主动合规意识,夯实合规风控基础,将合规意识融进血液、装进心头,全面提升经营机构服务投资者的能力和水平。

第三,着力强化责任担当,抓好工作落实,这是保护投资者合法权益的保障。一是要有抓落实的鲜明态度,使习近平新时代中国特色社会主义思想在投资者保护工作中落地生根,把保护投资者权益工作的出发点放到为党尽责、为民造福上,把保护投资者权益工作的落脚点放在办实事、求实效上。二是要有抓落实的能力。要增强工作预见性,做到底子清、情况明。对制度机制要及时评估、逐步完善,对进度缓慢的工作要建立清单台账,力争实现突破。三是要有抓落实的方法。我们提倡“跳起来摘桃子”,但不能违背客观规律蛮干,要注重机制创新,及时总结和推广经验。找准服务实体经济和保护投资者合法权益的最佳结合点,使资本市场真正成为一个对融资者和投资者都具有吸引力的功能完善的市场。

同志们!保护投资者合法权益是资本市场监管的永恒主题,是维护“三公”原则的重要基石,也是衡量一个市场是否健康成熟的重要标准。在此,我衷心希望大家通过中小投资者服务论坛这个平台继续贡献宝贵意见,集思广益,共同把资本市场建设好,把投资者合法权益维护好。

最后预祝本届论坛圆满成功!谢谢大家!

司法部副部长刘炤在第二届中小投资者服务论坛上的致辞

刘　炤*

尊敬的各位嘉宾：

大家上午好！很高兴与各位在金秋九月的上海相会，共同探讨“强化适当性管理、维护投资者权益”有关议题，为中小投资者保护事业发展出谋划策。作为我国证券市场的重要参与者，中小投资者人数众多、交易频繁且交易量大，对于目前我国证券市场的发展起到举足轻重的推动作用。但中小投资者也存在专业知识不够强、资金实力较弱、风险意识和信息判断能力不足等特点，在证券交易中多处于弱势地位，合法权益遭受侵害的现象屡见不鲜，有必要通过法治手段加强对中小投资者权益的保护。习近平总书记高度重视中小投资者权益保护工作，明确指出要加快形成融资功能完备、基础制度扎实、市场监管有效、投资者合法权益得到充分保护的股票市场。制度建设是解决中小投资者权益保护问题的基础性工作。近年来，我国出台了一系列有关法律法规和规范性文件，在加强中小投资者保护工作方面取得了积极成效，但与习近平总书记的重要指示精神，与维护市场的“公开、公平、公正”和保护广大中小投资者合法权益的要求相比还有差距。加快证券领域立法，以法治手段解决中小投资者权益保护中存在的制度供给不足问题，是贯彻落实习近平新时代中国特色社会主义思想，践行以人民为中心发展理念的重要举措，对于促进我国证券市场健康可持续发展具有长远意义。

司法部将积极推动建立完善包括中小投资者权益保护在内的证券法律制度，为有效保护中小投资者合法权益、增强投资者信心、提高证券市场活力和韧性提供坚实

---

* 司法部副部长。

的制度保障。

《证券法》作为我国证券市场的基本法,在中小投资者权益保护法律体系中居于核心地位,各方面对于《证券法》修订工作的关注度非常高。2019 年 4 月,全国人大常委会将《证券法(修订草案三次审议稿)》上网公布,向社会公开征求意见。《证券法(修订草案三次审议稿)》单独设置了"投资者保护"一章,拟明确投资者适当性管理、现金分红、证券公司举证责任倒置、股东代表诉讼等一系列具体制度,以进一步加强对投资者的保护。这是此前没有过的,充分体现出最高立法机关对投资者合法权益保护工作的高度重视,也是对多年来市场呼声的直接回应。司法部将继续积极配合全国人大常委会法工委等有关单位作好修订《证券法》的相关工作。

中央决定在上海证券交易所设立科创板并试点注册制,这是中央实施创新驱动发展战略、推进高质量发展的重要举措,是深化资本市场改革的重要安排。司法部将配合中国证监会等有关部门,进一步落实中央改革部署和政策要求,从股票发行条件、注册程序、信息披露、中介机构职责、监督管理和法律责任等方面,推动完善有关法律法规,建立健全配套制度,推动形成市场参与各方依法履职、尽责归位以及合法权益得到有效保护的良好市场生态,为投资者放心投资提供有力制度保障。

除积极配合全国人大常委会法工委、中国证监会等单位作好《证券法》修订以及设立科创板并试点注册制有关配套制度建设外,为了规范私募投资基金活动,保护投资者及相关当事人的合法权益,促进私募投资基金行业健康规范发展,根据国务院 2019 年立法工作计划安排,司法部正在会同中国证监会抓紧研究、修改《私募投资基金管理暂行条例(草案)》。针对私募投资基金领域存在的违反适当性管理要求、侵犯投资者合法权益等突出问题,拟从资金募集、投资运作、监督管理和法律责任等方面,对投资者适当性管理和投资者权益保护作出具体规定,草案已向社会公开征求意见。我们将会同证监会根据各方面意见,抓紧修改完善相关制度措施,力争早日将草案上报国务院。

保护中小投资者合法权益是一项系统工程,除立法层面加强制度建设,加大对中小投资者合法权益保护的制度供给外,还需多方共同加大工作力度,真正遏制侵犯中小投资者权益的违法行为,构建起中小投资者权益的综合保护体系,从而促进证券市场的持续健康发展。

我的发言完了,谢谢大家!

上海市人民政府副秘书长陈鸣波在第二届中小投资者服务论坛上的致辞

陈鸣波*

尊敬的阎庆民副主席、刘炤副部长，尊敬的各位来宾：

大家上午好！受吴清副市长委托，很高兴参加第二届中小投资者服务论坛。首先，我谨代表上海市人民政府对论坛的召开表示热烈的祝贺，向中国证监会、司法部等国家部门、社会各界朋友对上海国际金融中心建设的关心和支持，表示衷心的感谢！

2020 年是初步建成上海国际金融中心的重要关口。近年来，在国家相关部委的指导支持下，在社会各界的共同努力下，我们已经初步完成上海国际金融中心的体系建设。尤其是跟今天这一主题相关的上海金融法治、人才等发展环境的持续优化获得了国内外的认可。

但是我们也应清醒地认识到，和国际领先的金融中心城市相比，我们还有很大差距。包括资本市场投资者保护领域，我们还有很多尝试与探索的空间。目前，上海国际金融中心建设进入了最后两年的冲刺阶段，我们正围绕建设全球六个中心：一是全球资产管理中心；二是跨境投融资服务中心；三是金融科技中心；四是国际保险中心；五是全球人民币资产定价与资产清算中心；六是金融风险的管理与压力测试中心。

建设六个中心任务艰巨，我们要在以下五个方面努力取得新的突破：一是要进一步扩大对外开放，这是党中央、国务院对上海的要求。二是要加强金融创新。习近平总书记在 2018 年 11 月将三大新的战略任务交托上海，包括临港新片区挂牌。我们正在紧锣密鼓地研究如何通过国际金融开放等方式引进大量投资，从而体现临港新

---

* 上海市人民政府副秘书长。

区的特殊性。三是要集聚优势资源。今天我们在座的有很多中介机构、优良的创新企业,希望你们能相信上海的整体营商环境,积极集聚到上海,抓住中介机构在金融市场中的发展机会。四是要增强市场的功能。五是要做好风险防控,清楚认识到金融只有管得住才能放得更开。

上海国际金融中心的建设离不开中小投资者的广泛参与,本次论坛聚焦适当性管理主题,提供交流经验,分享资源合作平台,对提升我国资本市场法制化水平,实施上海国际金融中心建设具有重要意义。

我们期待论坛充分发挥平台的优势,群策群力,共同为中小投资者保护事业发展建言献策,为上海国际金融中心的建设传经送宝。也恳请中国证监会、司法部等国家部委,兄弟省市一如既往地关心上海国际金融中心建设。

最后,预祝本届论坛圆满成功,谢谢大家!

最高人民法院民二庭副庭长付金联在第二届中小投资者服务论坛上的致辞

付金联*

尊敬的各位领导、各位专家学者、各位来宾：

大家上午好！法治是资本市场繁荣稳定的根基，而投资者保护则是证券法治建设的根本。中小投资者服务论坛以搭建中小投资者权益保护的交流合作平台为宗旨，着力整合理论界和实务界的优势资源，本次论坛以“强化适当性管理、维护投资者权益”为主题，紧扣我国资本市场改革发展形势，注重解决实际问题，很有意义。在此，我受最高人民法院领导的委托，向本次论坛的召开表示热烈的祝贺！

2018 年中央经济工作会议中指出，资本市场在金融运行中具有牵一发而动全身的作用，要通过深化改革，打造一个规范、透明、开放、有活力、有韧性的资本市场。最高人民法院始终高度重视证券审判工作，始终强调要充分发挥审判职能作用，为我国资本市场持续健康发展提供有力司法服务和保障。在我国 20 多年的资本市场法治化进程中，人民法院切实履行证券审判工作职责，在保护投资者合法权益、防控金融风险、促进资本市场改革发展方面作了一系列工作。一是制定司法解释和司法政策，统一裁判标准。据统计，最高人民法院专门针对证券市场制定的司法解释和司法政策数量近 50 部，这个数字超过了为银行和保险等其他金融市场制定的数量总和。2019 年以来，最高人民法院还制定颁布了办理操纵证券、期货市场刑事案件和办理利用未公开信息交易刑事案件两个刑事解释，向一直被市场痛批的操纵市场、“老鼠仓”等严重违法行为“亮剑”；在科创板开板之前，我们还制定颁布了《关于为设立科创板并试点注册制改革提供司法保障的若干意见》，该意见是最高人民法院历史上首次为

* 最高人民法院民二庭副庭长。

资本市场基础性制度改革安排而专门制定的系统性、综合性司法文件。二是依法公正高效审理案件，维护投资者合法权益。各级法院不仅依法成功陆续化解了全国30余家证券公司风险处置系列案、国债回购纠纷系列案等一批可能引发系统性、区域性金融风险的大要案，也依法审理了绿大地虚假陈述、光大证券“乌龙指”内幕交易、徐翔操纵市场案等一系列在全国具有重大影响的证券民事侵权和刑事犯罪案件，既依法严惩了证券违法犯罪行为，支持了投资者合法赔偿主张，也有效维护了上市公司、证券经营机构等市场主体正当经营的合法权利。三是加强审判机构建设，提升证券审判专业化水平。在党中央坚强领导下，上海金融法院于2018年正式成立，得到了国内外有关方面的普遍好评；许多地方法院还根据案件情况成立了专门的金融审判庭或者金融合议庭，审判机构的专业化带动了人民法院证券审判水平明显提升。

目前，我国证券市场有1.5亿多投资者，证券市场与人民生活的联系越来越紧密。依法保护好投资者合法权益，维护资本市场公开、公平、公正的良好秩序，既是人民法院的神圣职责，也是证券审判工作坚持以人民为中心理念的必然要求。我们理解，做好投资者合法权益的司法保护工作，一是要依法严厉制裁违法违规行为，提高市场主体违法违规成本；二是要进一步畅通投资者民事维权渠道，降低投资者诉讼成本。为此，在证券民事诉讼方面，我们应重点考虑以下工作。

一是用足现有法律制度，强化违法违规市场主体的民事赔偿责任。在打击证券违法犯罪方面，最高人民法院在《关于为设立科创板并试点注册制改革提供司法保障的若干意见》中明确提出，对于证券犯罪分子，要严格控制缓刑适用，依法加大罚金刑等经济制裁力度。根据我国现有法律制度，投资者因证券违法行为所遭受的损失，主要要靠提起民事诉讼获得赔偿。社会各界已达成共识，证券民事责任的追究是促使证券市场参与主体尽责归位的重要一环，也是法律能否“长出牙齿”的关键。在证券商事审判中，我们将严格落实发行人及其相关人员的信息披露第一责任。为防止对投资者的“二次伤害”，我们认为，如果发行人从事欺诈发行、虚假陈述等违法行为是受控股股东或者实际控制人指使而实施的，应当依法判令控股股东、实际控制人直接向投资者承担民事赔偿责任。我们将严格落实证券服务机构保护投资者利益的核查把关责任，证券服务机构对会计、法律等各自专业相关的业务事项未履行特别注意义务，对其他业务事项未履行普通注意义务的，应当判令其承担相应法律责任。我们还要准确把握保荐人对发行人上市申请文件等信息披露资料进行全面核查验证的注意义务标准，在证券服务机构履行特别注意义务的基础上，保荐人仍应对发行人的经营情况和风险进行客观中立的实质验证,否则便不能满足免责的举证标准。为及时使违法违规市场主体付出法律代价,我们还要求各级法院加大对证券行政处罚案件和民事赔偿案件的执行力度,发挥好司法强制执行的震慑效应。

二是坚持改革发展,推动完善符合我国国情的证券民事诉讼制度。建立起一套能够便利投资者诉讼、方便投资者维权的诉讼程序,是落实证券民事责任制度的关键,我们要立足我国国情和资本市场规律,用足用好现行法律规定,解决证券民事诉讼中投资者举证难和人民法院查证事实难、认证难等问题。证券审判要充分借鉴知识产权等专业审判领域的改革经验,引入专家证人、专家陪审员等更多专业力量参与案件审理,提升审判专业化水平。提高人民法院审判质量和效率,借力中立专业第三方就证券侵权损失数额予以专业鉴定。我们还要重视通过信息化手段提高司法能力,研究开发建设全国法院证券审判工作信息平台,减轻受诉法院的办案压力。

三是加强政策引导,坚持把非诉讼纠纷解决机制挺在前面。2016年和2018年,最高人民法院与中国证监会先后联合发布了两个《关于全面推进证券期货纠纷多元化解机制建设的意见》,标志着我国资本市场多元化纠纷解决机制的正式建立。几年来,证券期货纠纷多元化解工作取得了显著的成绩。我们将继续大力支持中证中小投资者服务中心等投资者保护机构开展工作,紧密依靠市场各方力量,充分调动市场专业资源化解矛盾纠纷的积极性;并大力推广证券示范判决机制,通过证券示范判决所确立的事实认定和法律适用标准,引导其他当事人通过证券期货纠纷多元化解机制解决纠纷,加大对证券期货纠纷特别是群体性案件的柔性化解力度。

四是优化资源配置,加强证券审判队伍专业化建设。我们将继续加大对全国法院证券审判骨干的培训工作,积极探索与证券监管部门联合开展业务培训,通过聘请证券监管部门、证券期货专家进行授课等方式,不断提升培训效果。要进一步加强与证券监管部门的人员、业务交流,通过联合调研、研讨等形式,拓展业务交流的广度和深度,努力建设一支政治素质过硬、专业水平优良的证券审判队伍。

各位专家,各位同仁,人民法院在证券审判工作中所取得的每一个进步,都离不开在座各位的智力支持和无私帮助。建立起一套科学的、符合我国国情的证券民事诉讼制度,既是人民法院的职责,也是我们的共同愿望。真诚希望市场各界朋友积极向人民法院建言献策,为资本市场法治体系建设作出更大贡献!

最后,预祝本次论坛取得圆满成功,谢谢大家!

I 主题发言
INVESTOR

中国证券业协会秘书长张冀华在第二届中小投资者服务论坛上的发言

证券行业应以强化投资者适当性管理为己任

张冀华*

适当性管理是投资者保护的重要基础,很大程度上决定了投资者保护工作的成效。我首先代表中国证券业协会,以"证券行业应以强化投资者适当性管理为己任"为题谈几点看法,供大家参考。

投资者适当性制度是境内外资本市场实践中根据投资者保护的实际问题逐步建立完善起来的一项制度,是资本市场重要的基础性制度。国际证监会组织(International Organization of Securities Commissions,IOSCO)在《证券监管的目标与原则》中将保护投资者作为证券监管三大目标之首,而适当性管理则是保护投资者的基础工作。证券行业作为资本市场最重要的建设者,在维护市场运行、向投资者提供服务、开展各项业务的过程中,应始终以强化投资者适当性管理为己任,努力实现以下目标。

一、以强化适当性管理为责任,保障资本市场持续稳健运行

我国资本市场从20世纪90年代发展至今,已经形成了由主板、中小板、创业板、科创板、新三板、区域性股权市场、证券公司柜台市场共同组成的多层次资本市场体系。投资者规模越来越大,投资者结构趋于多样化,金融产品和服务越来越丰富,产

* 中国证券业协会秘书长。

品结构越来越复杂。不同层级的市场,不同类型的投资产品,风险等级不同,对投资者的风险承受能力要求不同。投资者适当性管理是资本市场的一项基础制度,是投资者进入资本市场的第一道防线,既是安全门,也是防火墙,是资本市场健康稳定发展的基础。资本市场作为直接融资体系下的市场,也是投资者直接投资的市场。投资者需要根据获得的充分信息甄别风险,并根据自身风险承受能力,按照“买者自负”的原则选择适合的投资品种。同时,证券经营机构需要全面了解投资者情况和产品情况,根据投资者的风险承受能力和产品服务的不同风险等级,为投资者提供其是否适合获得某项服务或购买某产品的适当性意见,做到“卖者有责”。对投资者进行适当性管理是证券公司应尽的义务和责任。健全有效的适当性管理是资本市场健康运行的重要保障。

我国证券行业的投资者适当性管理始于2008年发布的《证券公司监督管理条例》。2009年推出的创业板和2010年推出的股指期货和融资融券业务,也引入了投资者适当性管理要求。2012年中国证券业协会发布的《证券公司投资者适当性制度指引》,是证券行业最早的投资者适当性管理自律规范。2017年7月中国证监会《证券期货投资者适当性管理办法》以及中国证券业协会《证券经营机构投资者适当性管理实施指引(试行)》的正式实施,开启了我国证券行业投资者适当性管理的新阶段。2019年设立科创板并试点注册制的改革中,投资者适当性管理制度的安排也为科创板的平稳推出和资本市场的深化改革提供了有力保障。

回顾适当性管理的发展历程,可以看出投资者适当性管理工作伴随着我国资本市场的发展进程不断发展完善,为资本市场的稳健运行及一系列重大改革举措的平稳推出提供了重要保障。

二、以深化适当性管理为契机,促进证券行业高质量发展

投资者适当性制度本质上是通过投资产品和服务进行分级,对投资者进行具体的细化和分层管理,将合适的产品与合适的投资者进行匹配,有利于改变以往证券行业服务客户同质化、管理客户粗放化的情况。境外成熟市场经验证明,从以产品为中心,到以渠道为中心,再到以客户为中心,是金融机构发展的必然趋势。以客户为中心,就需要对客户进行分层、对产品进行分类,准确把握不同客户的客观真实需求,根据其特点和风险偏好属性,提供相适配的产品和服务。通过对不同层级客户的细分

管理和相适应的产品匹配，既能促进资本市场产品提供者的有效竞争及产品创新，又能很好地满足客户需求、改进提升中介机构服务。

目前，投资者分类、风险承受能力评估、产品风险等级、适当性匹配等一系列投资者适当性管理措施已在证券公司的各项业务中得以全面执行。随着我国资本市场进入新的发展机遇期，在资本市场进一步开放的新形势下，在“资管新规”、科创板制度等金融改革的新要求下，还需要证券经营机构不断健全适当性管理制度体系，提高投资者适当性管理能力，进一步提升对投资者的服务水平与服务质量。党的十九大报告提出，要“增强金融服务实体经济能力，提高直接融资比重，促进多层次资本市场健康发展”，这为证券行业高质量发展指明了方向。证券公司要以深化投资者适当性管理为契机，提升客户服务质量，发挥好投资银行资本中介功能和投融资枢纽作用，承担起资本市场组织者、投融资安排者、财富管理者、产品创设者、产品销售商、流动性提供者、风险管理者等角色，不断提高竞争力，实现高质量发展。

三、以凝聚各方合力为推动，加强投资者合法权益保护

我国拥有全球规模最大、交易最活跃的投资者群体。目前，我国投资者数量已超过1.5亿，其中95%以上为中小投资者。投资者合法权益是否能得到有效保护，关系亿万人的切身利益，关系资本市场的平稳运行和健康发展。实施投资者适当性管理，可以从客观上引导投资者树立正确的投资理念，实现对投资者的保护；也有助于证券经营机构约束自身短期利益冲动，减少投资者在信息获取和风险识别方面的差距，提升投资者自我保护意识和风险防范能力。

进一步完善投资者适当性管理体系，加强投资者合法权益保护，还需要发挥多方合力，建议可以从以下五个方面继续深入推进适当性管理和投资者保护工作。

一是健全法治体系，完善法律保障。进一步完善投资者保护立法体系，加快修订有关法律法规，提升投资者适当性管理的体系地位，健全资本市场法治体系，强化法律责任追究，加大违法违规行为打击力度。

二是明确底线要求，强化行政监管。在制定监管原则与业务规则时，重点界定投资者适当性管理的监管底线，进一步明确适当性管理的禁止性行为。

三是结合行业实际，优化自律管理。发挥自律组织贴近行业的优势，制定适合行业特色的可操作的规则，加强对行业投资者适当性管理的指导，增进行业适当性管理

经验交流。

四是督促归位尽责,形成自我约束。证券公司应严守投资者适当性管理要求,完善适当性管理制度建设,推动工作模式变革,防止适当性管理流于形式;加快金融科技运用,创新适当性管理工具方法。

五是倡导理性投资,加强风险防范。加强投资者教育,培养投资者理性投资理念,帮助投资者不断提升风险防范意识,构建理性客观的思维模式。

资本市场改革的目标,是形成融资功能完备、基础制度扎实、市场监管有效、投资者权益得到有效保护的多层次资本市场。当前,资本市场投资者保护工作正在持续深入推进。中国证券业协会将在中国证监会的领导下,与监管部门、系统各有关单位、市场各方一起,进一步夯实中介机构投资者适当性管理责任,凝聚投资者保护合力,共同努力打造一个规范、透明、开放、有活力、有韧性,投资者权益得到有效保护的资本市场。

中国证监会法律部副巡视员范中超在第二届中小投资者服务论坛上的发言

完善证券法律制度　提高违法成本

范中超*

尊敬的各位领导，各位来宾：

上午好！

很荣幸参加这次论坛。中小投资者服务论坛是证券市场投资者保护领域的年度盛会，推动了投资者权益保护的理论创新和实践发展，取得了巨大成功。借此机会，我想就进一步完善证券法律制度、提高违法成本、保护投资者合法权益方面，谈点个人看法。

我理解，提升证券市场相关主体的违法成本，是一项系统性工程，需要多管齐下，统筹推进。不仅要强调提高行政责任力度，还需要进一步发挥民事责任和刑事责任的制度作用，并完善与法律责任制度相适应的配套机制。

下面，我从这四个方面出发，谈几点个人看法。

一、在进一步提高行政法律责任方面

现行《证券法》对相关违法行为行政责任规定得过轻。比如，在有关欺诈发行案中，违法行为往往涉案金额巨大，与发行上市获得的巨大收益相比，中国证监会只能依据《证券法》第189条的有关规定，对发行人最高处以非法所募资金5%的罚款，对

* 中国证监会法律部副巡视员。

有关责任人员最高处以30万元罚款。在有关上市公司信息披露虚假案件中,按照《证券法》第193条规定,对上市公司最高只能处以60万元罚款,对有关责任人员最高只能处以30万元罚款。数亿元的造假金额与60万元、30万元的“顶格处罚”之间,反差巨大,效果极差。

值得欣慰的是,2019年4月公开征求意见的《证券法》修订草案三读稿已经对上述问题予以充分关注,有关违法行为的行政法律责任程度已经得到了大幅提高。在此基础上,我认为还可以考虑有针对性地进一步提高有关证券违法行为的行政法律责任,进一步提升法定罚款数额上限,完善资格罚。

二、在大力提升刑事打击震慑力与针对性方面

我国《刑法》有关证券犯罪的刑罚幅度整体偏低。例如,《刑法》第160条规定,对于欺诈发行股票,债券构成犯罪的,对责任人最高只能处以5年有期徒刑,最高可以判处的罚金也只是非法募集资金金额的5%;《刑法》第161条规定,对于上市公司虚假信息披露,欺骗或误导投资者,构成犯罪的,对相关责任人员最高处3年有期徒刑并处最高20万元罚金。而在美国,《萨班斯法案》规定欺诈发行的最高刑期为25年,其他证券欺诈犯罪的最高刑期为20年。

目前,《刑法修正案(十一)》已经列入第十三届全国人大常委会立法规划。可以考虑在本次修正案中对有关证券犯罪进行相应完善,提高证券犯罪的违法成本。

三、在完善民事法律责任制度方面

让受到损害的投资者获得民事赔偿是证券法律体系的重要组成部分。

与境外成熟证券市场相比,我国证券市场民事法律责任制度还存在规定过于原则,损害赔偿制度不够完备,投资者民事维权成本较高等问题。可以借鉴一些境外的成熟做法,对民事损害赔偿制度作出进一步的完善,主要包括以下两个方面。

一是进一步明确民事损害赔偿的法定标准。可以考虑通过修改《证券法》,完善司法解释,对证券民事侵权行为的认定标准,举证责任、损害计算等问题作出更为具体的安排。

二是探索建立证券违法行为民事损害惩罚性赔偿制度。《民法总则》《消费者权

益保护法》等规定了民事损害惩罚性赔偿制度,我国台湾地区的“证券交易法”也有证券侵权惩罚性赔偿规定。因此,建立证券侵权惩罚性赔偿制度已经有境内外的先例可循。

四、在健全法律责任追究的保障机制方面

“徒法不足以自行。”追究违法行为的法律责任,既要有完善的实体性规则,也要有与之相适应的程序性规范等配套体制机制安排。现阶段可以考虑以下两项制度。

一是完善证券侵权民事赔偿诉讼制度,探索建立具有中国特色的集体诉讼制度。经党中央、国务院批准的《关于在上海证券交易所设立科创板并试点注册制的实施意见》明确规定:“探索完善与注册制相适应的证券民事诉讼法律制度。”这既是党中央、国务院对科创板试点注册制工作的支持,也是明确的工作任务。我理解,证券类民事赔偿案件具有“小额多数”的特点,可以研究借鉴境外集体诉讼的做法,发挥中国特色与优势,消除集体诉讼可能引发的滥诉问题,通过在证券侵权民事诉讼制度中引入“声明退出”机制,通过一次诉讼整体解决投资者的维权问题。

二是进一步落实“民事赔偿优先”原则。《证券法》第 232 条规定,违反法律规定,应当承担民事赔偿责任和缴纳罚款、罚金,其财产不足以同时支付时,先承担民事赔偿责任。但在实践中,缺乏具体落实的制度机制安排。因此,还需要考虑设计专门的制度机制,落实民事赔偿优先的法律原则。

综上所述,完善证券法律制度,提高违法成本,保护投资者合法权益是一个综合性的系统工程,既需要行政监管方面的努力,也需要在刑事方面、民事方面发力;既需要用好用足现行制度规则,也需要加快修改完善相关法律法规,尽快健全基础性法律制度。我相信,只要方方面面共同努力,多管齐下,形成合力,中小投资者权益保护的明天一定更美好。

谢谢大家!

上海证券交易所副总经理阙波在第二届中小投资者服务论坛上的发言

阙　波*

尊敬的各位领导、同仁：

大家上午好！很荣幸应会议主办方邀请，代表上海证券交易所参加此次论坛并发言。2019 年是中华人民共和国成立 70 周年。在 70 年波澜壮阔的历史进程中，在中国共产党的带领下，我国人民生活显著改善，综合国力显著增强，经济总量跃升至全球第二位。作为现代市场经济的重要组成部分，我国资本市场伴随改革开放不断成长壮大，成为推动经济社会发展的重要力量。在此过程中，投资者始终承担着维系整个资本市场生态运行基石的作用，具有不可替代的地位。服务好国家战略和人民利益，切实保护好投资者尤其是中小投资者的合法权益，关系到资本市场的健康稳定运行。今天，与会领导和专家学者们济济一堂，共同就"强化适当性管理、维护投资者权益"的话题进行深入交流和研讨。借此机会，我有以下三点认识与大家分享。

一、持续强化适当性管理，践行资本市场初心使命

加强投资者权益保护，健全完善适当性管理，是践行资本市场初心使命，贯彻落实党的十九大提出的"坚持以人民为中心"发展思想的重要体现和有力举措。资本市场本身是一个内涵丰富，机理复杂，自调节、自反馈的生态系统。在这个系统中，除上市公司、中介机构、监管者等众多市场参与主体外，1.55 亿的投资者也为资本市场建设和发展作出了积极贡献。在加强投资者保护成为全球金融市场发展和监管改革共

* 上海证券交易所副总经理。

识的前提下，适当性管理作为经国际经验证实的证券市场监管和投资者权益保护的有效机制，在我国资本市场健康发展过程中，必须常抓不懈，持续强化。

"适当性管理"源自境外，经过数十年发展，尤其是2008年国际金融危机后，全球各主要市场在深入反思如何协调金融产品创新和金融监管关系的同时，引入这一制度，积极推进金融市场化和金融监管体制改革。国际证监会组织（International Organization of Securities Commissions，IOSCO）在2013年年初发布的《关于销售复杂金融产品的适当性要求》报告中，针对"雷曼事件"引发的争议，进一步明确了证券服务机构向投资者销售复杂金融产品的适当性原则。目前，"适当性"已从最初的行业协会自律规范发展为被监管规则认可和被司法裁决确认的一项重要原则。

二、稳步推进制度落实，切实提升投资者保护水平

目前，我国资本市场适当性管理制度体系日益完善。2019年上半年公开征求意见的证券法修订草案三次审议稿在第六章"投资者保护"中写入了适当性管理。2017年7月1日实施的《证券期货投资者适当性管理办法》在部门规章的层面进一步明确了统一清晰的适当性监管底线要求。此外，各行业协会、交易所的自律规则以及证券期货经营机构内部管理规范等共同构建起多层次的适当性管理制度体系，为市场健康发展，尤其是创新业务平稳推出与稳健运行和中小投资者权益保护带来积极且深远的影响。

近年来，上海证券交易所在中国证监会领导下，坚持把保护投资者合法权益融入各业务条线和工作环节，充分发挥交易所作为资本市场重要基础设施的作用和优势，持续推进适当性管理等投资者权益保护工作，加快形成融资功能完备、基础制度扎实、市场监管有效、投资者合法权益得到有效保护的多层次资本市场体系，不断提升广大投资者在资本市场中的获得感、幸福感、安全感。

10多年前，上海证券交易所即开始积极探索并广泛开展适当性管理相关工作。一是研究先行，夯实理论基础。启动多项适当性管理联合研究计划和专题研究，深入了解和分析境外市场的制度规范和实践做法，及时掌握最新趋势和最佳实践。二是先行试点，持续累积经验。2008年上海证券交易所发布个人投资者行为指引，要求证券公司积极配合，在开户环节落实相关要求。三是健全体系，强化制度建设。2013年3月上海证券交易所发布并实施《投资者适当性管理暂行办法》，作为上海证券交易

所市场适当性管理的统领性规则,同时,明确在此基础上可制定相应产品或服务的具体适当性指引。四是不断完善,助推创新业务。配合沪港通、股票期权、沪伦通、科创板等创新业务推出,制定相应的适当性规范,“筛选”适当的投资者参与交易,强化对参与创新业务的投资者权益保护。五是检查督导,推进有效落实。近年来,通过开展多轮自查、现场检查和督导等方式,进一步规范证券公司等证券期货经营机构严格落实适当性管理各项要求,切实保护投资者合法权益。

三、全面深化科创板适当性,服务资本市场改革创新

2018 年 11 月 5 日,习近平主席在首届进博会上宣布在上海证券交易所设立科创板并试点注册制。目前,科创板已开市一个多月。为进一步引导投资者理性参与科创板投资,在这项重大改革中,上海证券交易所借鉴以往创新业务适当性管理的有效经验,结合科创企业普遍具有商业模式新、技术迭代快、业绩波动和经营风险相对较大等特点,兼顾境内投资者结构和行为特征,综合评估并确定科创板适当性管理的条件和要求,并严格推进落实。

一是结合业务进展,持续深化科创板适当性管理规范。除在《上海证券交易所科创板股票交易特别规定》中专章规定适当性要求外,结合业务推进关键时点和市场反馈,适时明确或细化相关操作要求,我们先后发布了《关于科创板投资者教育与适当性管理相关事项的通知》《关于落实科创板投资者适当性管理要求的通知》等,构建起科创板适当性管理的综合制度框架,全面规范证券公司把好投资者参与科创板的“入口关”,严防“垫资开权限”。

二是严格推进落实,压严压实证券公司适当性责任。在全国范围内持续举办 30 余场业务培训,强化关于落实适当性管理各操作环节要求的宣导;召开多场座谈会,充分听取证券机构就落实科创板适当性管理的意见建议反馈;在中国证监会指导下,协同派出机构开展科创板适当性管理自查和专项现场检查,督促证券公司全面落实“了解你的客户”原则,做好风险揭示;实施自律监管,对未按规定落实适当性管理要求的证券公司采取监管措施,压严压实证券公司适当性管理责任。

三是深入开展调研,广泛倾听市场各方意见建议。践行“深、实、细、准、效”,累计开展 10 余次问卷调查和 30 余家次证券公司、营业部走访,回收问卷近 65,000 份,形成多份调研报告;持续收集 400 投资者服务热线反馈,广泛听取、收集证券公司和投

资者的意见建议,适时回应市场关注;督促证券公司切实做好并形成关于高龄投资者参与科创板交易,以及加强对投资者开通融资融券账户科创板权限的特别风险提示等适当性管理最佳实践。

各位来宾,切实做好适当性管理,保护投资者合法权益是一项光荣而神圣的使命。在《证券期货投资者适当性管理办法》正式实施的两年多来,市场各方对适当性管理的认识有了极大深化。新时代,随着资本市场各项改革稳步推进,适当性管理等投资者权益保护工作还将面临更多新形势和新考验。未来,上海证券交易所将不忘初心、牢记使命,真抓实干,在中国证监会统一部署和领导下,持续深化适当性管理制度建设,推进证券期货经营机构在向差异化、专业化、特色化发展的同时,强化适当性管理,全面提升行业服务实体经济、服务投资者的能力和水平,与各兄弟单位一起共同推动和加快形成适当性管理和投资者权益保护的中国智慧和经验!

谢谢大家!

深圳证券交易所副总经理李鸣钟在第二届中小投资者服务论坛上的发言

李鸣钟*

尊敬的各位领导、各位来宾,女士们、先生们:

大家上午好!

非常高兴参加本次论坛,首先,我谨代表深圳证券交易所对论坛的召开表示热烈祝贺!

投资者适当性管理是保护投资者的第一道防线,对于优化投资者结构、维护市场稳定运行、防控系统性金融风险具有重要意义。本次论坛以"强化适当性管理、维护投资者权益"为主题,有助于强化经营机构投资者保护意识,助力资本市场投资者保护新格局的形成。借此机会,我就投资者适当性问题与大家交流一些体会和认识。

一、投资者适当性是投资者保护的基础制度

从制度功能来看,投资者适当性要求"卖者有责",是投资者进入市场的第一道防线。资本市场本质上是信息的市场,投资者保护面临的核心问题是信息不对称问题。投资者与上市公司之间对于公司经营状况存在信息不对称,同样,金融产品的专业化、复杂化及风险差异化,导致投资者与经营机构之间关于金融产品或服务也存在信息不对称的情形。适当性制度的核心要求是卖方应将适当的产品或服务卖给适当的投资者,着力解决的是卖方"不当销售或服务"的问题。在一定意义上而言,投资者适当性与信息披露都以保护投资者合法权益为出发点和中心,以解决市场信息非对称

---

* 深圳证券交易所副总经理。

问题为政策目标,共同构成了投资者保护的基础制度安排。

从境外成熟市场经验来看,投资者适当性是保护投资者权益和维护市场稳定的普遍做法。投资者适当性起源于20世纪30年代的美国,目的就是在1929年美国股灾后,规范证券经纪商公平交易行为,让投资者重拾信心。随着证券市场的发展,适当性制度被欧盟、日本、新加坡等成熟资本市场广泛认可和施行,成为现代金融服务的基本原则和要求。2008年国际金融危机之后,国际上更加注重适当性管理。例如,美国相继推出《多德—弗兰克法案》和《合格投资者定义审查报告》,对维护金融市场稳定起到了良好作用。

从我国资本市场实践来看,投资者适当性是行之有效的投资者保护制度安排。自2009年创业板启动之初,就施行了投资者适当性管理制度,这也是我国首次在场内市场引入适当性管理。创业板适当性管理充分重视投资者交易经验,突出强调风险揭示,施行10年来,取得了积极成效。数据显示,创业板投资者超过八成交易经验满两年;平均资产量约57万元,中小散户占比明显低于深市A股总体水平;创业板投资者在投资知识水平、知权行权水平方面也明显高于非创业板投资者。创业板适当性制度的实施,优化了创业板投资者结构,有效防范了投资者盲目跟风、冲动投资,为创业板市场健康发展提供了重要保障,也为下一步创业板改革奠定了基础。

目前,投资者适当性制度在股转系统、股指期货、融资融券、私募基金等领域得到了广泛应用,有效防止了风险承受力低的中小投资者进入高风险市场。2016年12月中国证监会发布了《证券期货投资者适当性管理办法》,标志着统一投资者适当性制度的建立,有力推动了我国资本市场适当性管理水平的提升,并发挥出稳定市场的积极作用。

二、投资者适当性管理也存在“适当”的问题

投资者适当性制度已在我国资本市场落地生根。但同时我们也应看到,适当性制度在运行过程中还存在进一步优化的空间,需要不断“刷新”。

一是投资者风险评估是否有效。对投资者的风险承受能力进行评测是经营机构“了解客户”的重要步骤。一方面,投资者在各家机构填报雷同的问卷,心理上难免出现“麻木”的倾向,甚至故意填报高风险选项。另一方面,部分投资者对自身风险认知存在偏差,且同一投资者在不同行情下的风险偏好会动态变化。因此,实践中,投资

者风险测试往往形式大于实质,较难揭示投资者真实的风险偏好。此外,投资者信息在各经营机构之间形成"信息孤岛",整个市场的信息成本有待降低。

二是资产门槛设置是否恰当。资产门槛是适当性管理较为常用的投资者分类标准或合格投资者准入条件,是决定适当性制度效能的重要环节。资产门槛清晰明确、易于执行,但也可能存在单一固化的问题。例如,"资产规模不低于50万元"是当前众多高风险产品使用的适当性门槛。短期内,这一标准可能与现有投资者状况相适应;但长期来看,随着经济环境、市场交易、投资者结构等因素的变化,有必要基于客观数据进对标准设置作出评估,动态化地设置资产门槛。

三是纠纷解决机制是否完善。当前《证券期货投资者适当性管理办法》虽然弥补了经营机构违反适当性义务处罚措施的制度空白,但仅是通过行政手段强化经营机构守法意识,缺乏对投资者的民事救济。近期,最高人民法院发布《全国法院民商事审判工作会议纪要(征求意见稿)》,明确卖方机构违反"适当性义务"造成投资者损失的,应承担赔偿责任;同时还细化了责任主体、举证责任、证据要求、损失认定等事项的审判指导。这一举措畅通了投资者的司法救济渠道,但实施效果仍有待实践中检验。此外,尚需进一步完善协商、调解、仲裁等非诉纠纷解决机制,以提高投资者适当性纠纷的解决效率。

三、关于强化投资者适当性管理的几点建议

一是进一步突出对弱势投资者的倾向性保护。在我国,大学生、残障人士、老年人等群体购买金融产品的不在少数,特别随着我国社会老龄化进程加快,老年投资者数量不断增多。他们在收入水平、交易经验、认知能力等方面明显存在劣势,投资亏损所引发的后果更加严重。我建议可以借鉴美国、日本的适当性管理举措,将此类特殊群体列入谨慎招揽的客户范围。

二是推动经营机构形成"客户利益至上"的经营理念。经营机构是适当性义务的履行主体。在以通道收入、佣金收入为主的经营模式下,考核目标容易驱动经营机构员工向客户销售"不当产品或服务"。解决员工与客户之间的利益冲突,让"客户利益至上"理念深入人心,才是保障适当性管理落地的根本举措。因此,证券经营机构在强化内控的同时,需加快财富管理转型步伐,形成以资产管理与增值服务为主体的收费模式,真正将员工利益与客户利益捆绑在一起,这也是投资者适当性的本义

所在。

三是运用金融科技对投资者“精准画像”。经营机构“了解客户”义务,本质上是对客户进行“精准画像”。传统问卷调查为主观数据,缺乏客观数据验证,且涉及范围有限,无法实现“精准画像”功能。大数据、机器学习等金融科技的发展,为投资者“精准画像”提供了工具。我建议经营机构大力探索金融科技手段,利用自身积累的投资者行为数据及外部采集数据,同时从主观和客观维度深入把握客户的风险偏好、交易习惯,对投资者进行“精准画像”,着力提升适当性匹配效能。

四是强化投资者教育,提升投资者“买者自负”能力。投资者适当性要求“卖者有责”,同时也强调“买者自负”。经营机构的适当性匹配意见不表明对产品或服务的风险和收益作出实质性判断和保证,投资者应当根据自身实际情况作出投资决策。强化投资者教育,即在于提升投资者的理性决策能力,让投资者自己选择匹配的产品或服务。从这个角度来看,投资者教育与投资者适当性相辅相成,殊途而同归。

各位领导、各位同仁,强化投资者适当性管理,是打造“规范、透明、开放、有活力、有韧性的资本市场”的重要切入点和着力点。下一步,深圳证券交易所将在中国证监会的领导下,坚持“四个敬畏”,切实发挥自律监管职能,加大对会员适当性管理的监督检查力度,督促会员切实履行适当性匹配、风险告知、动态跟踪评估等职责。让我们携手共进,践行以人民为中心发展理念,推动投资者保护落地生根、扎实有效,合力促进资本市场高质量发展。

谢谢大家!

中国证券投资者保护基金有限责任公司总经理、副董事长巩海滨在第二届中小投资者服务论坛上的发言

巩海滨*

尊敬的各位领导、各位来宾：

上午好！

很高兴代表中国证券投资者保护基金有限责任公司（以下简称投保基金公司）和各位专家和同行齐聚一堂，共同探讨投资者保护问题。2019年以来，我国金融体系运行平稳健康，金融体制改革稳妥推进，科创板稳妥开板，资本市场服务实体经济的效能凸显。为了以科创板改革为突破口，使资本市场成为促进经济高质量发展的“助推器”，我们在加强顶层设计、完善基础制度、提升上市公司质量基础上，必须进一步加强对投资者合法权益的保护。适当性管理作为投资者进入资本市场的首要环节，可以加强对投资者的事前保护，强化市场主体的适当性义务，同时体现“买者自负”的原则，有效降低投资者损失的事后监管、司法成本。

投保基金公司作为我国首个投资者保护专门机构，始终致力于通过事前、事中、事后的多层次保护措施构建金融体系的安全保护网。在中国证监会的统筹下，在制定《证券期货投资者适当性管理办法》之初，投保基金公司就参与了办法的论证、起草工作。该办法颁布后，我们充分利用自身信息优势、专业优势、技术优势，关注、推动适当性制度的落地，并从不同角度持续评价适当性管理办法的投资者保护成效。

在开展客户交易结算资金监控、证券公司风险监测、证券市场调查评价、“12386”热线管理及证券纠纷调解中，我们发现自《证券期货投资者适当性管理办法》全面实

* 中国证券投资者保护基金有限责任公司总经理、副董事长。

施以来，适当性管理制度总体落实状况良好，证券经营机构在履行风险提示义务、划分产品风险等级、动态评估投资者分类等方面有了较大改善。17 万投资者参与的 2018 年全国股票投资者调查数据显示，超七成投资者对适当性管理制度的落实情况表示满意；《2018 年度中国资本市场投资者保护状况白皮书》评价显示，证券公司投资者风险测评和适当性匹配情况良好，超九成投资者购买金融产品时被证券公司充分提示风险；公募基金管理人直销的适当性管理情况得到投资者的充分认可，适当性管理满意度好于代销机构；“12386”服务热线数据显示，适当性管理类投诉相对较少，2017 年 1 月以来，“12386”热线接收适当性管理类投诉 33 件。

一、当前投资者适当性制度面临的共性问题

在取得成绩的同时，我们也应认识到，投资者适当性制度在我国的发展、运行仍面临亟待解决的问题。

一是投资者适当性制度的执行效果尚未达到预期。从部分适当性涉诉案例来看，仍存在经营机构未向投资者充分履行产品或服务的说明义务，对投资者的分类和识别评估不到位且流于形式，汇集不适格投资者集合资金购买金融产品，第三方代销机构履行适当性义务不到位等情况，导致了投资者风险承受能力同其购买的金融产品或服务之间产生“错配”，最终导致纠纷的产生。客户交易结算资金监控也发现，场内债券质押式回购交易涉及的透支问题比较突出，究其深层原因也存在适当性管理不足的问题。这些问题反映出我国投资者适当性制度的执行效果有待于进一步提升，经营机构适当性管理水平有待提高。

二是产品和投资者分类的精准度、权威性需要进一步提升。从产品分类来看，部分经营机构对金融产品和服务风险分类受到了挑战。从近期适当性管理纠纷判例来看，法院认为产品发行人及代销机构对基金的风险评级因存在一定程度的利害关系而缺乏客观性，因此否定了产品发行人对产品的风险等级评估结果。这给适当性制度的执行提出新的挑战。从投资者分类来看，由于缺乏更加客观、科学的评估机制，投资者风险承受能力的认定缺乏大数据支撑和验证，使适当性匹配的精准度大打折扣。如公募基金管理人在销售基金产品或服务的过程中，虽设有风险测评环节，但风险测评形式单一，以主观问卷调查为主，题目设置和提问方式的维度不够丰富，在目前投资者的收入、金融资产、负债、投资经验、投资行为等重要信息无法验证的情况

下,无法对投资者提交的信息进行核查校验,据此对投资者的风险承受能力进行评判可能会产生一定的偏差。

三是金融产品的适当性监管需要加强统筹协调。公募基金作代销机构承担着公募基金产品的适当性管理义务。2018年年度公募基金投资者保护状况调查显示,代销渠道在公募基金产品的销售中占据重要地位,八成以上的受调查投资者通过银行、互联网代销平台、证券公司等代销渠道购买公募基金产品。代销机构肩负着重要的适当性管理职责。但是,由于代销机构数量庞大,往往由不同主体监管,监管要求也不尽统一,因此需要加强我国金融产品适当性管理监管的统筹协调。

四是违反投资者适当性管理的民事责任不明确。我国法律对违反投资者适当性义务需要承担何种民事责任缺乏明确规定。从司法审判来看,违反投资者适当性义务时,寻求民事责任保护的主要途径是主张侵权责任。然而,认定侵权责任中的"过错"和"因果关系"两个构成要件缺乏明确的法律依据。尽管从《证券期货投资者适当性管理办法》第34条第2款来看,采过错推定原则,但因该办法的法律位阶属于部门规章,只能作为参考,不能作为案件审理的依据。缺少明确的归责依据,不利于司法裁判标准的统一,更不利于投资者保护的有效实现。关于违反投资者适当性管理的民事责任的认定标准,还需要司法机关通过一系列典型案例或者司法解释予以明确和统一。

二、科创板投资者适当性制度面临的问题

随着科创板并试点注册制改革的落地,如何以适当性管理为着力点,完善科创板投资者保护机制是当前具有现实性和紧迫性的课题。接下来,我将谈谈科创板适当性面临的个性问题。

一是投资者适当性制度的内容有待细化完善。调查显示,投资者对适当性制度实施的首要建议是"进一步完善实施细则,统一投资者分类、产品分级的标准"。然而从科创板适当性制度实施的现实情况来看,仍然存在以下三点问题,需要进一步引起关注:一是缺乏对投资者适当性进行动态评估和调整的制度安排。当前,科创板已建立适当性管理的相关制度,要求个人投资者参与科创板股票交易需满足"50+24"这一基本条件。但是通过调研50多家证券公司,我们发现很多证券公司对投资者在交易过程中不再满足这一条件是否应关闭其科创板交易权限存在疑问,反映出科创板

的适当性管理制度在动态评估和调整上还需要进一步细化和完善。二是投资者资产认定标准需要进一步明确。证券公司内部的合规要求不同,在评估个人投资者的资产规模时,对于是否将投资者在其他证券公司开立的股东账户内的资产纳入统计存在分歧,引起部分投资者的不满和投诉。三是科创板融资融券业务的适当性制度需要进一步完善。与主板相比,科创板股票的停牌阈值和涨跌幅限制进一步放宽,科创板股价的波动性更大,融资融券业务的风险更高。科创板投资者调查显示,近七成投资者认为科创板融资融券业务的适当性条件应当更加严格,以便充分保护科创板投资者权益。

二是需要平衡投资者适当性与保证市场流动性的关系。流动性对资本市场来说意义重大,关系资本市场的效率、资产定价和资本配置,我国资本市场也曾经历过几次流动性匮乏。从这些经验教训来看,要维持科创板的茁壮成长,就离不开对流动性的细心呵护。上海证券交易所数据显示,截至2018年年底,满足日均资产高于50万元的个人投资者占比不足15%。在加强投资者适当性管理的同时,平衡和兼顾市场流动性的需求也同样不容忽视。过于严格的适当性要求很有可能导致市场流动性的匮乏,最终将使得科创板丧失掉解决成长型科技创新企业融资"短板"问题、助力经济深化转型的意义。因此,投资者适当性管理不能靠简单提高门槛来强化,还需要一系列配套制度予以补充、完善。

三是科创板适当性制度的宣传和教育还有待加强。目前,"12386"热线共收到关于科创板投资者适当性工单40件,主要涉及咨询开通交易权限资产条件里的个人资产是否包括投资者证券账户中的新股;咨询如何判断个人投资者是否符合开通科创板股票交易权限的条件;咨询开通科创板交易权限的资金能否是多个证券账户资产的累计。如此种种,说明投资者对科创板适当性管理及具体标准还不了解。为了使投资者真正理解科创板适当性制度的内涵,还需要我们加强对科创板相关制度规则的宣传和投资者教育。

三、相关建议

针对上述投资者适当性制度面临的问题,我们提出以下四点建议。

一是加强对经营机构的日常监管,明确违反适当性义务的责任。第一,通过加强对经营机构的监管力度,适度提高对经营机构违反适当性义务的处罚金额,增加威慑性。第二,加强投资者的监督参与性,充分落实好监管职能。投保基金公司日常负责运行的“12386”热线,即是接收投资者诉求的公益服务渠道,有助于监管机构依法妥善处理投资者诉求,完善科创板适当性制度。目前,投保基金公司已在北京、上海、深圳、江苏和广东等地试点热线直转,并计划在全国铺开直转。未来,投保基金公司将继续通过“12386”热线做好投资者诉求相应的“话匣子”。第三,从“有法可依”“依法监管”角度出发,具备条件是提高投资者适当性制度的法律层级,在法律层面明确违反适当性义务的民事责任。

二是通过加强调查分析为完善科创板投资者适当性管理提供依据。对科创板投资者持续调查分析,能够为完善科创板投资者适当性管理制度提供科学的依据。目前,投资者基金公司在通过主客观数据分析投资者行为结构方面进行了大量实践,科创板投资者调查分析方案经过了多方论证,将充分运用大数据及投资者主观诉求联动分析,为投资者精准画像,为监管部门、自律组织、市场经营机构提供大数据支持,最终为提高科创板投资者“匹配的契合度”找到方向。

三是探索通过第三方中立机构评估金融产品和服务的风险等级。风险等级评级结果的不确定性、不客观性将直接使适当性制度的有效落实大打折扣,近期司法裁判也对此提出了严峻挑战。探讨通过专业、中立、权威的第三方机构对金融产品和服务风险等级进行鉴定和评估的可能性和可行性十分重要。这有利于增强评级结果的客观性,有效减少纠纷的发生。

四是加大投资者宣传教育工作。仅仅依靠监管机构和经营机构履行适当性义务是远远不够的,还应通过加强对投资者的宣传教育,扭转投资者的投资理念,提高自身风险防范意识,引导投资者正确认识适当性管理制度要求。近期,为帮助投资者正确认识设立科创板并试点注册制改革,理性参与科创板投资,投保基金公司联合上海证券交易所等单位发起“认识科创板,投资防风险”科创板投资者教育保护主题宣传系列活动,为投资者带来科创板专业政策解读。未来,投保基金将会进一步加大适当性管理制度的宣传教育工作。

不断完善和加强保护投资者的合法权益始终是资本市场的重要课题和长期任务,按照易会满主席“四个敬畏”“一个合力”的工作要求,投保基金公司将继续立足本职,不忘初心、牢记使命,不断推动适当性管理制度的完善和落实,为建设一个规范、透明、开放、有活力、有韧性的资本市场贡献力量。

全国中小企业股份转让系统有限责任公司总经理徐明在第二届中小投资者服务论坛上的发言

徐　明*

尊敬的各位领导、各位专家、各位来宾、各位媒体朋友：

上午好！很高兴回来参加第二届中小投资者服务论坛。记得2018年的这个时候，我还是以东道主的身份和文英董事长和中证中小投服中心的同志们一起紧锣密鼓地筹办第一届中小投服论坛，时光荏苒，转眼一年过去了，今天我以被邀嘉宾身份参加此会，感慨万千。我欣喜地看到，第二届中小投服论坛规模更大、影响更广，这是投服中心同志们和各相关方共同努力的结果，令人欣慰！衷心地祝福投服论坛越办越好。我发言的题目是“完善投资者适当性管理　多措并举落实好新三板投资者保护”，以下我将主要讲三点看法，不足之处请大家批评指正。

一、资本市场的特性需要投资者适当性管理

综观境内外资本市场，美国、欧盟、英国、日本及我国香港特别行政区等发达国家和地区都建立了投资者适当性管理制度，我国的投资者适当性管理也在不断完善。那么，为什么资本市场需要建立投资者适当性管理制度？这是由资本市场的相关特点所决定的。

一是资本市场是一个高度依赖中介机构的市场。为了防范中介机构违背以客户利益为出发点的基本要求而追求自身利益，对其施加严格监管是非常有必要的。历

---

* 全国中小企业股份转让系统有限责任公司总经理。

史上,由于中介机构不适当或恶意销售高风险金融产品给不适格投资者,从而造成投资者损失的事件不胜枚举。例如,美国次贷危机的导火索就是证券经销商将大量结构复杂的金融衍生品销售给普通投资者,引发连锁反应;2002年中国香港特别行政区"雷曼迷你债"事件就是银行将原应出售给机构投资者的高风险、结构性金融产品打包分拆,作为低风险产品出售给普通投资者,从而导致了投资者的巨大损失。

二是资本市场相关产品的复杂程度越来越高。近年来,资本市场创新发展速度加快,金融产品种类日益增多,交易结构日益复杂。投资者,特别是自然人投资者普遍缺乏投资知识,难以真正理解金融产品与服务的结构和运行情况,因而是否购买某种金融产品很大程度取决于中介机构提供的专业意见。因此,必须赋予中介机构以投资者适当性管理义务,确保将合适的产品推荐给合适的投资者。

三是金融机构与投资者之间的地位不对等。金融机构和投资者之间存在代理法律关系,在要求金融机构基于代理合同承担对客户的信息提供义务、注意义务等基础上,还需充分考虑双方实质地位的不平等,赋予处于强势地位的金融机构以更多义务,防止金融机构凭借专业知识欺诈或不公平对待其客户。

二、投资者适当性管理应当与资本市场的发展相匹配

投资者是资本市场的基本要素,没有投资者就没有资本市场,因此,投资者在资本市场中具有重要地位,保护好投资者对于资本市场的生存和发展极其重要。投资者的适当性管理是投资者保护的重要抓手,但在市场发展与投资者保护方面不能偏颇,两者是相辅相成、相互促进的。不能只强调投资者保护而不顾市场的发展,也不能只关注资本市场发展而不顾投资者保护,否则,资本市场的发展就会受到极大阻碍,投资者的利益也无法真正得到保护。因此,做好投资者保护,在投资者保护的同时兼顾市场的发展、平衡投资者保护和市场发展的关系显得尤为重要。要做到两者的适度兼顾、相互匹配,就要对投资者进行适当性管理。

第一,投资者适当性管理要与资本市场发展状况相匹配。资本市场有其自身的发展演进规律,敬畏市场就要按市场规律办事。不同性质、不同发展阶段的市场,提供复杂程度各异的产品,配套不同的发行、交易、信息披露等基础制度。投资者适当性制度,也需要根据不同市场的发展阶段和特点来设计,既要强调"适当",又要坚持"适度"。忽视了投资者保护,市场发展就会成为"无源之水""无本之木",失去了群

众基础的市场必定走不远。但如果一味强调投资者保护，忽视市场发展阶段和特点的实际需求，设定过高的投资者门槛，则同样会把大量投资者挡在门外，导致市场买卖双方力量的失衡，如此则不仅市场的资本形成功能难以发挥、定价机制失灵，甚至可能使资本市场成为“死水一潭”，最终背离了保护投资者的初衷。

第二，投资者适当性管理要与投资者的认知水平和自身情况相匹配。我国资本市场的重要特征，是中小投资者众多且高度分散，广大投资者在资产状况、专业知识、投资能力、理性程度、风险收益偏好、风险承受能力等方面都存在很大差异，对金融产品的需求也不尽相同。而进行投资，需要对相关产品的风险有清醒的认识和判断，因此，做好投资者适当性管理，核心就是根据投资者的认知水平和自身情况的差异，为其匹配适当的产品和服务，并帮助其充分识别特定市场或产品的投资风险信息，减少超出其承受能力风险的损害。

第三，投资者适当性管理要与市场的产品、风险状况相匹配。金融市场产品种类繁多，不同产品的交易结构、法律属性、运作规则都有差异，风险等级也不相同，投资者适当性管理需要与其相匹配。各国和地区都规定了大同小异的投资者分类制度，我国自2009年以来，也陆续在创业板、金融期货、融资融券、新三板、私募基金等市场或产品中建立了投资者适当性制度，比如，债券市场要求个人投资者年均收入不低于50万元或金融资产不低于500万元，创业板要求个人投资者拥有2年股票交易经验；科创板允许亏损企业上市，个人投资者门槛设置为50万元等。这些投资者适当性门槛都是根据市场产品和风险特征来设计的。

三、完善投资者适当性管理，合力做好新三板的投资者保护

投资者保护是投资者适当性管理的初衷和出发点，投资者适当性管理则是投资者保护的重要抓手。新三板作为多层次资本市场的重要组成部分，投资者保护工作同样重要。进一步完善投资者适当性管理，多措并举地保护好新三板投资者的合法权益是我们工作的重中之重。我们认为，应在进一步厘清投资者适当性管的基础上，结合投资者保护的其他措施，合力做好投资者保护工作。

（一）应当降低新三板投资者适当性门槛

众所周知，目前新三板市场投资者的适当性门槛为500万元人民币金融资产。设立之初，考虑主要服务对象是创新型、创业型、成长型民营中小微企业，风险相对较

高,设置了较高的投资准入要求。不可否认,这一要求在市场发展初期,对增加市场韧性,守住不发生系统性风险的底线等发挥了积极作用。但这一极高的投资者门槛很难适应目前新三板市场发展的需要,不但已到了非改不可的程度,而且新三板市场也具备了降低投资者门槛的现实基础。一方面,和沪、深证券市场共一亿多投资者相比,新三板市场的高门槛将绝大多数投资者拒之门外,合格投资者只有区区几十万人数,面对近万家挂牌公司,平均每家挂牌公司仅有数十名投资者。过少的投资者使挂牌公司的融资极其困难,市场的流动性严重枯竭,交易的连续性无法保证,资本市场的基本功能受到了极大的制约,新三板市场的发展受到了很大的影响。另一方面,经过近7年的发展,新三板的公司质量、公司治理、信息披露、公司的规范程度均有不同程度的提高,相应的法律法规和自律规则不断健全和完善,投资者的专业知识、法律意识和风险意识得到提高,监管能力、水平和力度也在不断加强。新三板投资者门槛的降低具备了现实的条件。因此,应尽快将500万元的投资者准入门槛降低。

(二)应当进行差异化的投资者适当性安排

与沪深市场不同的是,新三板市场的挂牌公司近万家,是一个海量的市场,是全球挂牌公司最多的证券交易场所。目前,近万家挂牌公司,无论在财务指标和成长性方面,还是股权分散度和公司治理水平等方面,都差异较大。2018年年报显示,新三板9290家挂牌公司中,净利润大于3000万元的高盈利公司有940家,占比超过10%,平均净利润为7872.59万元,同时,新三板也有2500余家亏损公司。这些公司的细分特征和风险层次明显不同,非常有必要为之匹配差异化的投资者适当性管理安排。

考虑到风险匹配的原则,根据不同的市场层次应当设置差异化的投资者适当性准入门槛。就目前情况看基础层公司风险相对较高,与之匹配的投资者准入标准也应该较高;创新层公司风险相对较低,对股权分散度也有一定要求,因此应适当降低投资者准入标准,匹配相对较多的投资者;如果未来新三板市场改革设立更高层次,对更高层次的挂牌公司质量、规范程度、信息披露、监管要求有了更高求,同时对这一层次的市场功能和流动性的也会有更高的期待。相对于基础层和创新层,应当进一步地降低投资者适当性管理,使投资者的准入门槛低于基础层和创新层。

(三)多措并举发挥合力、充分保护新三板投资者

投资者保护是新三板市场建设中的一项长期任务、系统工程和基础工作,在完善投资资者适当性管理的同时,进一步发挥投资者保护其他举措,形成投资者保护措施

的合力尤为重要。

一是要强化新三板的法律地位，夯实投资者保护基础。针对新三板上位法依据不足的现状，在《证券法》《公司法》和国务院条例层面，进一步明确新三板的性质、定位和参与主体的具体监管安排，为做好投资者保护工作提供基础法律保障。

二是要借鉴证券交易所的经验，强化新三板监管安排，提高违法违规成本。加强对资本市场各类参与主体的监管，维护公开、公平、公正的市场秩序，是保护投资者的重要手段。但目前在法律制度和监管上，更多考虑的是证券交易所市场，无论从证券发行、上市、交易等各个环节来看，从公司治理、信息披露等各个角度来看大多如此，对新三板市场挂牌公司的监管等方面则依据不足、力度有限，比如，《证券法》《刑法》等规定的欺诈发行、内幕交易、操纵市场等违法违规行为大多针对的是上市公司及相关当事人。因此，需要加强研究、探索和解决新三板市场的这些问题，更加有针对性地保护新三板市场的投资者。

三是将目前成熟的投资者维权机制和救济渠道进一步运用到新三板市场中。其一，要进一步发挥投服中心持股行权在实质改进公司治理、完善市场博弈机制等方面的作用，结合新三板深化改革，将适用范围拓展至新三板市场；其二，完善以平等协商为基础、调解机构引导为辅的多元纠纷化解机制，为新三板市场投资者提供便捷、高效、低成本的纠纷解决渠道；其三，在新三板市场尝试示范判决机制，发挥示范判决的指导作用，通过示范判决宣示法律规则，统一法律适用的标准，以降低投资者维权成本，提高投资者维权效率，从而更广泛地保护广大投资者的合法权益。

谢谢大家！

中国期货业协会秘书长吴亚军在第二届中小投资者服务论坛上的发言

吴亚军*

尊敬的各位嘉宾,女士们,先生们:

大家上午好!

金秋九月,是收获的季节,非常高兴与大家相聚一堂,共商"强化适当性管理,维护投资者权益"。我谨代表中国期货业协会(以下简称中期协)向第二届中小投资者服务论坛的隆重召开表示热烈祝贺,对论坛主办方的精心组织表示诚挚谢意!

习近平总书记指出:"人民对美好生活的向往,就是我们的奋斗目标。"在中国证监会举办的"不忘初心、牢记使命"主题教育活动中,易会满主席也指出:"要进一步强化资本市场监管的人民性,坚持'四个敬畏,一个合力',全面把握保护投资者合法权益、提升资本市场透明度和效率、牢牢守住不发生系统性金融风险底线的监管目标。"

我国期货市场历经从无到有,从小到大,逐渐发展并走向成熟的近30年发展进程,广大投资者始终与期货市场共同成长,为期货市场的建设和发展作出了积极贡献。当前,期货市场进入了创新发展时期,市场参与主体类型进一步丰富,市场活力进一步增强,而投资者保护工作也面临新的挑战。借此机会,我主要谈以下四点体会。

第一,期货交易有一定风险,须加强投资者适当性管理工作

期货交易具有高杠杆、高风险的特点,且现阶段期货行业投资者仍然以中小投资

* 中国期货业协会秘书长。

者为主，加强投资者适当性管理是对投资者，尤其是中小投资者的教育和保护工作的深化。一是期货行业较早建立了适当性管理制度，大家知道 2010 年股指期货上市时，中国证监会发布了《关于建立股指期货投资者适当性制度的规定》，该项制度的建立在当时的市场环境下，对于保障金融期货市场平稳、规范和健康运行具有重要意义。二是 2017 年中国证监会发布并施行了《证券期货投资者适当性管理办法》，中期协立足于期货行业实践，同步发布了《期货经营机构投资者适当性管理实施指引（试行）》，形成了期货行业统一的适当性自律管理规范。随着市场上期权、原油期货的推出及铁矿石期货的国际化，4 家期货交易所根据实际情况制订或修订了适当性规则。目前，期货行业的投资者适当性法律法规体系已基本形成。三是期货行业在中国证监会及各派出机构的指导和支持下，发挥中期协、监控中心、交易所等机构的合力，通过在制度建设、政策宣传与贯彻、系统搭建、检查督促等方面的积极努力，有效地推进了期货经营机构对《证券期货投资者适当性管理办法》和相关适当性管理制度的落实。

第二，期货交易专业性较强，需加强投资者教育工作

期货目前已经上市了 61 个商品期货品种、6 个金融期货品种，涉及众多的上下游产业链，具有较强的专业性。良好的投资者教育，是切实保护投资者合法权益不可或缺的环节。为此，期货行业进行了多方面的尝试和探索。一是近年来，期货行业通过编写普及性书籍、举办培训、发布投教宣传产品和开展主题教育活动等多种方式开展了丰富多样的投教活动。2015 年中期协上线的“期货投教网”，成为首批获得中国证监会授牌的国家级互联网投资者教育基地之一，已成为行业和投资者学习、交流的重要平台。二是针对产业客户，中期协着力加强期货与现货企业之间交流，通过调研、培训、产业交流会等多种方式，提高现货企业对期货市场的认知，提升期货行业服务实体经济的能力和水平。三是针对潜在投资者，举办了“中金所杯”和“郑商所杯”全国大学生竞赛，多年来已有数十万在校大学生参加，成为高校中很有影响力的投资者教育品牌。大连商品交易所和上海期货交易所都着力于多所高校建立合作，积极推动期货专业知识走进校园，从国民教育的角度为期货行业培养后备人才。

第三，畅通投资者维权渠道，保护投资者合法权益

期货交易专业性强，部分投资者对期货交易规则了解得不够深入，同时，一些现

货交易场所或者互联网平台通过变相期货和夸大宣传,损害了投资者的利益,严重影响了期货行业的健康发展。为此,期货行业努力拓宽期货纠纷解决渠道,提高纠纷解决效率,从规则制定、组织构建、队伍建设、协作机制等多方面,建立健全投资者维权渠道。中期协设立了咨询投诉热线和网上投诉平台,接待投资者来访、来函,持续接收、回应投资者诉求,针对投诉涉及期货经营机构违法违规的问题,在调查确认属实后采取相应的自律惩戒措施,从而净化期货市场生态。作为 8 家证券期货纠纷多元化解机制试点调解组织之一,中期协积极参与证券期货纠纷多元化解机制试点工作的开展和推广,聘任了 138 名调解员,组建了由监管部门、行业专家、法律专业人士构成的调解员队伍。中期协曾接受最高人民法院的诉讼调解委托,对接调解某投资者与某期货公司及其营业部期货交易纠纷一案,入选了最高人民法院 2018 年发布的证券期货纠纷多元化解十大典型案例。

第四,作为直面投资者的市场一线,需强化期货公司落实投资者保护责任

期货经营机构直接面对投资者,保护投资者合法权益是其义不容辞的首要责任。对此,我有以下五点建议。一是期货公司要切实归位尽责,严格落实客户服务和管理、投资者保护的基本职责,强化投资者适当性管理工作力度;二是要主动履行对客户的诚信义务,全面落实“了解你的客户”原则,加强客户分类和动态评估,将适当的产品销售给适当的投资者;三是要主动承担知识普及、风险提示和信息咨询等投资者教育义务,对投资者进行辅导,督促投资者遵守期货交易相关法律、法规,持续开展投资者风险教育,加强投资者期货交易行为的合法合规性管理;四是畅通投资者的投诉受理渠道,要以认真负责的态度对待投资者投诉,不推诿、不逃避、不拖延,主动做好沟通解释工作;五是在投资者咨询非法期货相关的问题时,要主动普及合法期货的参与方式及非法期货的维权路径,为投资者依法维权提供便利条件。

加强投资者保护是事关期货市场健康发展的基础性工作,需要各方共同参与和支持,期货行业将持之以恒、凝心聚力,切实把“大投保”理念贯彻和体现到实践中,使投资者保护工作落地有声、切实有效。

最后,预祝本次论坛圆满成功!谢谢大家!

中国上市公司协会秘书长何龙灿在第二届中小投资者服务论坛上的发言

何龙灿*

尊敬的各位领导，各位嘉宾：

大家上午好！

非常高兴再次与投服中心及证券、期货、基金业协会联合举办第二届中小投资者服务论坛。2018 年 9 月第一届论坛上，我们上市公司协会是轮值单位，配合投服中心承担了一些工作。在上市公司协会党委的坚强领导下，在各方面的大力支持和共同努力下，中小投服论坛得到了上市公司、中介机构、从业人员、广大投资者，特别是中小投资者群体的高度关注和积极参与，成为市场各方进行中小投资者服务和权益保护理论研讨、实践交流、经验分享的盛会。

本届论坛的主题是“强化适当性管理、维护投资者权益”。适当性管理是资本市场风险防控和投资者保护的一项重要措施，是投资者进入资本市场的第一道保护门。尤其是对于我国这样一个中小投资者占绝对多数的市场而言，适当性管理显得尤为重要，这就需要市场各方共同努力，切实把投资者适当性管理制度的各项措施落到实处，促进资本市场的长期稳定健康发展。

资本市场的发展离不开上市公司、投资者和市场各参与主体的同心同向、众智众力。上市公司是资本市场投资产品的主要供给方，在投资者保护，特别是中小投资者保护中承担着尤为重要的责任。如果上市公司能够为广大投资者提供货真价实、收益丰厚的商品，并与投资者做到充分、有效的沟通，那么，投资者作为市场的需求方、购买者，其权益就能得到一个基础性的保障。因此，不断提高上市公司质量，积极回

---

* 中国上市公司协会秘书长。

报投资者,努力做好投资者关系管理是上市公司做好投资者保护工作的核心内容。

一、提高上市公司质量是上市公司保护投资者合法权益的根本路径和基础

上市公司和投资者是市场的共生共荣体,上市公司只有不断提高自身质量,合规经营,规范运作,才能得到投资者的信任和青睐,才能与投资者建立起良性的互动。这就要求上市公司必须要做到守原则、擅发展、担责任。

守原则是指上市公司一定要遵循《公司法》《证券法》等国家法律法规以及资本市场的各种监管规定,要牢固树立"红线思维""底线思维",谨记并坚持"四个敬畏",严守"四条底线",始终把投资者利益,特别是中小投资者的利益放在首位。我们有超过 1.4 亿的中小投资者,上市公司的发展和壮大离不开他们的支持。由于受自身条件所限,中小投资者的抗风险能力弱,专业能力也相对较弱。亿万投资者的背后牵动着亿万个家庭,这就要求上市公司在经营决策中,要时刻铭记将投资者的利益,特别是中小投资者的利益放在首位,不能损害投资者利益,特别是不能触碰"四条底线"。只有这样,才能赢得市场的认可和尊重,才能肩负起投资者的信任与重托,获得投资者长久的肯定与支持。

擅发展是指上市公司要努力求发展,并且要创造出实实在在的价值和财富。这就要求上市公司一要心无旁骛、本本分分地经营,扎扎实实地做事,做自己擅长的事情,注重创新的有效性,保持战略定力,不盲目跨界,更不能"跟风炒作"。不要迷恋于纸上财富,要为社会、为投资者创造实实在在的价值。二要加强管理,不断提高公司治理的科学性和有效性。很多公司出现问题,无论是战略决策上的失误,还是发生违法违规情况,归根结底都与公司治理不完善、内控管理失效有关。上市公司,特别是上市公司实际控制人和董监高,一定要提高认识,不应把公司治理和内控管理仅仅当成监管部门的外在要求,而是要充分认识到其是企业科学决策、稳健发展的制度基础和机制保障。为社会创造经济价值和物质财富是企业的天职,是企业义不容辞的义务和责任,也是企业回馈社会,回报投资者的前提和基础。

担责任是指上市公司要积极承担自身的社会责任。上市公司作为公众公司,作为国家经济发展的主力军、排头兵,必须要承担起自己对国家的责任,对社会的责任。如果仅仅着眼和局限于企业自身狭隘的利益,那么就难以形成与社会相关方的良性互动。当企业利益与社会公众利益发生冲突时,很可能会为了自身利益而损害公众

利益，当类似“长生生物毒疫苗”这样的恶性事件发生时，企业就会被社会公众所抛弃。在这种情况下，对投资者合法权益的保护也就无从谈起。

二、积极回报投资者是上市公司把投资者保护落到实处的关键环节

投资者进入资本市场进行投资的最主要目的就是获得回报。通过投资上市公司的股票，分享国家经济增长和上市公司成长的红利，是投资者的正当诉求。因此，具备分红条件的上市公司应该结合公司自身具体的盈利能力、发展规划、外部融资成本等因素，制定科学的分红规划，在保证自身持续发展，现金流稳健的情况下，主动积极回报投资者，不断增加投资者的市场获得感。这既是对投资者利益的切实维护，也是增强投资者信心，引导投资者树立长期价值投资理念的重要前提。经过多方的共同努力，目前我国A股上市公司的股东回报情况已经大为改观。2018年A股市场的整体股息率为2.41%，已与标普500指数、道琼斯工业指数大体相当。但是，这种情况是通过一系列的监管引导措施而实现的，上市公司回报投资者的主动性还有待进一步增强。

三、加强投资者关系管理是上市公司持续提高投资者保护工作水平的有效手段

上市公司的经营者和实际控制人与投资者之间的信息不对称使上市公司的投资者关系管理工作与信息披露具有同等重要的地位。在一定程度上而言，上市公司信息披露工作也可视为投资者关系管理的一部分。真实、准确、完整、及时、公平的信息披露有助于上市公司赢得投资者的信赖和好感，而通过多种形式、多种渠道，切实加强投资者交流和投资者关系管理，也有利于上市公司更加深入地了解投资者的信息需求，进一步提高公司信息的透明度，形成上市公司与投资者之间的良性互动。一直以来，上市公司协会都把加强上市公司投资者关系管理作为促进和提高上市公司投资者保护的重要抓手。例如，早在2014年，我们就成立了投资者关系管理专业委员会，紧紧围绕加强上市公司投资者关系管理的理论研究和工作交流，不断提升上市公司投资者保护的内生动力和内在需求开展工作，收到了良好的工作效果。近年来，投资者关系管理专业委员会策划了“三个一”活动，即一次征文、一本手册、一场交流，得

到了上市公司的热烈响应和积极参与。第一个“一”是一次征文,委员会联合《证券时报》共同举办了上市公司投资者关系管理实践征文活动,共收到来自 191 家上市公司的 206 篇文章,并从中评选出 76 篇优秀征文。第二个“一”是一本手册,即在征文的基础上,整理印刷了《上市公司投资者关系管理最佳实践》手册,以介绍宣传上市公司投资者关系管理的优秀经验和做法。第三个“一”是一场交流,下个月,委员会将组织上市公司和相关专家就投资者关系管理的优秀经验进行现场交流分享,同时,还将对当前投资者关系管理工作中存在的问题、遇到的困扰以及解决之道进行研讨。通过这一系列活动,进一步提高了上市公司对投资者关系管理和投资者保护工作重要性的认识,交流了工作经验,提高了工作水平。

接下来,上市公司协会将根据中国证监会的统一部署,在投资者保护局的指导下,与包括中国证券投资者保护基金有限责任公司、投服中心、证券期货交易所、证券期货基金业协会在内的各相关单位密切配合,形成资本市场投资者保护工作的合力,不断提高上市公司投资者保护工作的意识和水平,积极推动市场各方形成敬畏投资者、保护投资者、服务投资者,特别是尊重和善待中小投资者的良好氛围。

最后,祝愿第二届中小投服论坛圆满成功！谢谢大家！

中国证券投资基金业协会秘书长陈春艳在第二届中小投资者服务论坛上的发言

陈春艳*

尊敬的各位领导、各位来宾:

大家上午好!

非常感谢主办方投服中心和中国证券业协会的邀请!很荣幸能够与中国期货业协会和中国上市公司协会联合主办第二届“中小投资者服务论坛”!我国基金行业发展20年以来,为服务居民理财、支持实体经济发展作出了重要贡献。公募基金管理规模持续稳定增长,资产增值效果显著,服务投资者超过6亿人。2005年年初至2019年6月底,股票基金年化收益率平均为14.08%,超过同期上证综指平均涨幅8.01个百分点,债券基金年化收益率平均为6.93%,超出现行3年定期存款利率4.18个百分点。私募基金主动管理能力、服务实体经济能力增强,截至2019年第一季度末,私募基金累计投资于境内未上市未挂牌企业股权、新三板企业股权和再融资项目数量达10.37万个,为实体经济形成股权资本金5.79万亿元。截至2019年6月末,在科创板提交上市申请的141家科技创新企业中,有117家企业得到私募股权投资(占比约83%),在投本金约399亿元。投资者作为资金的提供者,是最终受益人,也是风险承担者,投资者的信任是资产管理行业发展的基石,维护投资者的合法权益既是资管行业的初心,也是行业发展的终极目标。

中国证监会主席易会满在2019年7月4日的证券基金经营机构座谈会上指出,建设一个强大的资本市场,需要一个强大的证券基金行业。证券基金行业应在持续打造专业能力的同时,切实做好投资者保护和教育工作,提高投资者的满意度,推动

---

* 中国证券投资基金业协会秘书长。

资本市场高质量发展。20 年来,基金行业在投资者保护方面持续投入,开展了大量工作,在普及基金知识和帮助投资者树立科学、正确的投资理念方面取得了较为显著的成绩。截至 2018 年年底,行业共组织投资者保护培训 986 场,覆盖受众 84 万余人;共召开投资者适当性管理座谈及讲座 1281 场,覆盖受众 86 万余人。然而,在国家经济转型和金融供给侧结构性改革攻坚的关键时期,投资者保护工作形势仍然严峻。一是现有的基金销售模式还没有形成与投资者利益永远保持一致的机制,不能帮助投资者形成真正符合投资者利益的资产配置、长期投资;部分从业人员缺乏法律意识和合规意识,违背"受人之托、代人理财"的本质要求,面对投资者言行不一、弄虚作假、欺诈行骗,损害投资者权益。二是资管行业机构繁多,不同类型的机构对同一业务的定义和理解不尽相同,行业的思想和标准尚未统一;个别机构在贯彻《证券期货投资者适当性管理办法》的过程中,犯了形而上的教条主义错误,将"合规"视为最高标准,在防范金融风险方面的思想意识亟待加强。三是"刚性兑付"文化的影响仍然根深蒂固,广大大众投资者财富管理意识还处于起步阶段,金融和投资常识普遍不足,对金融工具的了解和认知更是有限,投资行为短视,申赎频繁,甚至追涨杀跌,导致投资者难以实现个人资产的有效配置。

在此背景下,如何使投资者保护工作科学化、系统化,迎合当前投资者的实际需求,是协会重点研究的课题。我国基金法中对协会职责的第一条规定就是,教育和组织会员遵守有关证券投资的法律、行政法规,维护投资人合法权益。自成立以来,在中国证监会的领导下,协会始终将维护投资者的合法权益放在首位,坚持做好做实投资者保护和教育的各项工作,并取得了良好的成绩。

一、健全自律规则体系、加强行业自律管理,有效开展投资者保护工作

协会主动实施自律管理,规范行业行为,加强市场化信用制衡,将有效的投资者保护建立在完善的制度建设基础之上。

一是不断完善制度建设,构建全链条行为标准和行业规范。协会搭建了自律规则体系,明确了自律管理标准,完善了自律管理的主要措施,充实了行业管理的规则依据,建立了信用管理和监督机制。这些举措夯实了投保工作的制度基础,使协会成为维护投资者合法权益的坚实阵地。未来协会将围绕落实信义义务,进一步建立健全自律规则体系,落实基金管理人和托管人的信义义务,积极建立符合国际标准的受

托职责和行为标准，确保基金财产安全。

二是推进行业诚信建设，强化社会监督和市场机构间博弈。截至2019年6月末，协会共计对外公示疑似失联机构28批776家，其中，303家机构已被注销登记，208家处于失联状态并对外公示。因信息披露问题被列入异常机构名单并对外公示的私募基金管理人达5829家。对外公示149家不予登记机构涉及120家律师事务所、265名律师，有17家律师事务所被列入不接受法律意见书名单，从而充分保护了投资者权益。

三是不断强化投资者适当性自律检查和行业培训，有效保护投资者合法权益。在《证券期货投资者适当性管理办法》正式实施后，为推动市场经营机构全面落实投资者适当性的各项要求，协会与中国证监会建立了联动机制，开展相关专项检查，共对11家独立基金销售机构实施自律措施。协会分别组织面向基金合规人员、市场销售人员、客户服务人员的投资者适当性执业培训，在从业人员后续教育远程平台开设《证券期货投资者适当性管理办法》主题课程，将投资者适当性培训全面纳入从业人员资格培训体系。自《证券期货投资者适当性管理办法》实施以来，协会共开展10场适当性法规培训，地点涉及北京、上海、黑龙江、杭州、苏州、成都、青岛、珠海等多个城市，累计直接培训人员超过2100人。

二、坚守不发生系统性风险底线，提高风险监测和预警能力，切实维护投资者权益

金融安全和系统性金融风险防范工作是近3年经济攻坚战的“重中之重”，也是行业发展长治久安的底线。围绕防范金融风险，协会自律管理的重心不断向事中、事后转移。

一是深化大数据应用，加强风险监测及预警。例如，协会充分运用大数据统计分析，完善日报、周报、月报、季报、年报及不定期报告统计体系，掌握资金来源及投向，贯彻“穿透式监管”要求；同时，还加强与监管部门及系统单位的数据共享，发挥监管协同效能。

二是优化投诉调解机制，积极维护投资者权益。协会进一步优化办理投诉的相关流程、口径及方法，形成程序化、标准化办理模式；搭建群访处置多层次应急梯队，根据群访人数、事态、闹访区域等启动不同响应机制，有效提升投诉和群访事项办结

效率和质量。2019年上半年共收到各类投诉信息3005件,较2018年同期增长107%,其中公募基金相关投诉信息2件,资产管理计划相关投诉信息27件,私募基金相关投诉信息2957件,累计办结投诉信息1805件,办结率为63%;接待现场来访239次,累计接待投资者790人次;处理来函、来访执法查询130件,接待来访执法人员210人。对引起集体上访、触发重大舆情的5起纠纷事项进行调解,引导当事人自行和解办结投诉3件,和解金额5200万元。此外,协会还加强与仲裁机构合作,倡导行业机构和投资者通过仲裁方式解决民商事纠纷,促进行业纠纷多元有效化解。

三是建立风险事件处置机制,防止重大风险外溢。吸取“阜兴系事件”经验,协会建立重点标识、暂停业务、信息公示、诚信档案、专项处置、专人跟踪等重大风险事件的处置流程和相关机制,实现登记备案与事中事后联动,协会自律与行政监管、地方检查等监管联动,防止风险外溢。针对风险会员私募机构,建立起线索发现、初步核查、立案处理、自律检查、纪律处分、持续督导等全流程闭环,进一步强化对私募基金的自律管理力度和风险处置效率。

三、加强投资者教育与行业宣传,打造行业健康向上的舆论阵地

协会在投资者教育方面坚持“产品—活动—平台”三位一体的工作思路,以产品为核心,活动为载体,平台为依托,紧密联系行业机构,统筹社会资源,不断提升投资者教育工作的效果和影响力。

(一)通过制作丰富多彩的投资者教育产品,帮助投资者树立科学投资理念

在开发产品时,协会主要坚持三点原则。一是一定要适应新媒体的要求,具备新媒体特征。例如,协会联合新媒体平台德林社合作开发动漫季播剧《你财知道?》,紧扣投资者适当性原则,内容包括投资常识、法规解读、防骗指南、热点解读等,该剧在腾讯视频上线两周点击量达530万次,媒体传播字数达389万字,阅读浏览量1.82亿次。

二是制作群众喜闻乐见的“接地气”的投教产品,并且一定要让这些产品真正送到群众手中。例如,协会以“正确认识私募,远离非法集资”为题的投资者教育主题扑克牌。协会通过中国证监会在各地的派出机构、银行和销售机构等渠道向全国范围发放150万副扑克牌。我们在发送过程中,特别注意撬动社会力量,创新性地与链家地产、京东商城合作,使这套扑克牌跳出金融圈,走进社区,走进老百姓家里,尤其是

走进上当受骗比例最高的二线和三线城市投资者，帮助他们提高风险防范意识。

三是注意学习借鉴海外的先进经验，发挥好“拿来主义”，做好行业投教产品供给。例如，我们在研究美国投资公司协会（The Investment Company Institute，ICI）的投教工作时，发现 Investing Road Trip 对投资小白非常有效。我们借鉴这种模式，依照我国基金行业相关法律法规和投资常识，形成以“奇妙森林历险记”为主题的投资者教育路线图，以简单有趣的画面展现投资必备的基础知识。这个产品非常受欢迎，我们将这些产品提供给行业，以期帮助投资者树立科学理性的投资观念。

（二）组织全行业投资者教育宣传活动

作为行业投教工作的思考者和组织者，协会站在基金行业的角度，根据不同时期的市场情况部署投教作品的征集工作。

首先，根据每年市场热点以及投资者的关切，组织行业共同行动。

2017 年协会于 8 月至 10 月面向会员单位组织开展“加强投资者适当性管理，树立理性投资理念”主题投教作品征集评选活动，得到了行业的积极响应。2018 年，协会组织“时间的馈赠”主题投教活动，以“长期投资、资产配置、定投”为主题，提升投资者信心，培育长期投资、价值投资的理念。2019 年以“5·15”全国投资者保护宣传日为契机，协会于 5 月 11 日至 6 月 10 日开展了“私募基金投资者保护月”活动，向行业发布了《私募机构投资者保护倡议书》，目前签署的行业机构超过 12,000 家。

其次，组织活动注意发挥好线上线下合作资源的作用。

协会一直与新浪、腾讯、网易等平台保持良好合作关系。2019 年 5 月 23 日，协会独家授权网易网开辟投资者警示专区，定期更新协会私募基金管理人失联公告、私募基金投资小贴士以及纪律处分等公示信息。同时，协会与网易合作开通投资者投诉通道，帮助投资者更加高效地使用协会的投诉平台，保护自身合法权益。

线下活动的重要性毋庸置疑，协会还与基金小镇、基金博物馆等机构合作，共同开展线下活动。私募基金投资者保护月期间，协会与北京基金小镇合作，借助“2019 春季北京国际长走大会”和“麦田音乐节”等大型活动，向观众发放“正确认识私募、远离非法集资”主题宣传扑克牌，引发投资者积极反响。据统计，三场活动约有 14 万人接受投资者教育，共发放私募投资者保护扑克牌 6 万副，发放“投教路线图”折页 1000 份，电子投教产品点击量超过 550 万次。

（三）利用协会和新媒体平台，推广投资知识

协会目前同步开通了多个新媒体投教平台，并根据每个平台的流量特点，部署投

放相应的投教内容。协会官方网站、微信公众号是协会投放投资者教育产品、发布投资者教育信息、组织投资者教育活动的主阵地。协会的微信公众号功能化是协会的一项重要工作。2018 年 11 月协会上线了与招商银行共同开发的摩羯养老机器人,帮助投资者自助学习养老投资知识。2019 年 7 月又上线首个检索和展示基金行业全部法律法规的小程序——中国基金业法律法规库。协会微信公众号的在线客服功能也帮助了许多投资者,一年回答问题 6 万余条。协会官网 PV 点击量为 1.83 亿,协会今日头条政务号拥有粉丝 1.8 万人,发布投资者警示信息和各类投教作品共 77 条。广泛团结媒体,发挥媒体共振,让社会正确认知基金行业,树立科学投资理念,是协会的另一重要工作。截至目前,协会建立了由 20 余家核心媒体和 40 余家重要媒体为主的媒体朋友圈,必要时,协会可以调动的全国范围媒体超过 100 家。2018 年协会为行业主动发声 1400 余篇稿件,有效营造了一个良性的舆论环境,帮助投资者正确认知行业。

下一步,协会将推动行业机构深化对资管业务和资本市场初心的认识,增强使命感和担当意识,一切从投资者的利益出发,推动行业开发出与投资者长期利益相一致的产品,提供让投资者通过长期持有策略获得长期投资收益的服务。首先,投资者保护是一项系统性工程,有效保护投资者的前提是要理顺行业机制,保证基金管理人、销售机构与投资者利益相一致。基金管理人与销售机构应共同对投资者履行信义义务,严格落实投资者适当性管理要求,切实保护投资者的合法权益。其次,投资者保护工作需要资产管理全行业形成合力,在分业监管的现状下明确思想、统一标准,提升投资者的获得感、幸福感和安全感。最后,投资者保护是一项长期工作,要坚持帮助投资者回归常识,加大知识普及和警示案例的宣讲、传播力度,才能逐步改变非理性、不正确的投资行为模式。协会将结合资产管理行业的发展实际,携手行业机构共同提高投资者的风险识别能力和自我保护能力,为市场弘扬和培育成熟理性的投资文化。

最后,预祝本届论坛取得圆满成功!谢谢大家!

中证中小投资者服务中心副总经理黄勇在第二届中小投资者服务论坛上的发言

黄　勇*

尊敬的各位来宾，女士们，先生们：

大家上午好！

非常感谢大家百忙之中拨冗出席第二届投服论坛。借此机会，我想结合投服中心工作实践，就做好投资者保护服务工作谈一些认识。

回顾近30年的发展进程，广大投资者与资本市场相伴发展，是资本市场健康发展的重要动能，是资本市场发展生生不息的源泉。众所周知，中小投资者是我国现阶段资本市场的主要参与群体，占据着绝对数量。中国证券登记结算有限公司公布的数据显示，截至2019年7月底，我国投资者已达1.55亿人，其中95%以上为中小投资者。保护好广大中小投资者的合法权益，关乎数亿人民群众的切身利益，是资本市场人民性的最根本体现，是各市场参与方义不容辞的责任。

由于主观、客观等方面诸多因素，中小投资者成为权益受损的最主要群体。一方面，有的公司控股股东、实际控制人不践行股权文化，缺乏对投资者尤其是广大中小投资者的敬畏，侵害中小投资者利益；或者不聚焦主业，搞跨界并购，造成巨额减值，中小投资者持股权益不断稀释。另一方面，长期以来，中小投资者较少积极主动地参与公司治理，不注重行使股东权利。例如，2018年投服中心集中参加的100家上市公司年度股东大会中，参会股东数（包括现场和网络）超过100人的仅有9场，有1场仅有2名投资者参会。

作为中国证监会直接管理的公益机构，投服中心一直致力于中小投资者合法权

---

* 中证中小投资者服务中心副总经理。

益保护工作。投服中心坚持股东定位、从市场角度、用法律手段,通过持股行权、支持诉讼与股东诉讼、纠纷调解以及投资者教育等市场化、法治化的投资者保护机制,积极履行中小投资者合法权益保护职责。截至2019年8月底,投服中心共持有3700家上市公司股票,共计行权2471场,累计行使包括建议权、质询权、表决权、查阅权、诉讼权、临时股东大会召集权在内的股东权利3210次。登记纠纷案件11,343件,正式受理7507件,调解成功5193件,投资者和解获赔金额10.22亿元。提起支持诉讼案件19件,股东诉讼1件,诉求总金额近1.13亿元。积极推进支持诉讼示范判决机制试点工作,开发证券虚假陈述案件投资者损失计算软件,积极参与虚假陈述案件损失核定,涉及案号近600个。开展投资者宣传教育,创办《股东来了》投资者权益知识竞赛。2019年第二届《股东来了》正在进行中,网络答题人次破亿。普及权益知识,培育股东意识,倡导理性投资。

在取得可喜成绩的同时,我们也应清醒地认识到,这与广大中小投资者的实际需求还存在较大的差距,投资者保护工作任重道远。下一步,投服中心将继续秉持投资者保护理念,立足公益属性,不断推出中小投资者保护的新方法、新举措、新机制,更好满足市场和投资者尤其是中小投资者需求,为资本市场发展营造良好的发展环境。

一是建立健全灵活、高效、亲民、便民的证券期货纠纷多元化解机制。鼓励推动证券期货市场经营主体基于自愿原则与投服中心签订协议,扩大小额诉调机制适用范围。积极推动全国性证券期货纠纷调解机构落地上海,提升资本市场法治软实力。依托"中国投资者网",建设完善证券期货纠纷在线解决平台,推广使用网络调解、视频调解、远程调解等现代传媒手段,便利投资者参与,降低投资者解决纠纷的成本,提高纠纷调解工作质量和效率。同时,还应加强管理,推进调解员队伍职业化、专业化和规范化建设。

二是督促上市公司规范治理,提升行权工作针对性、有效性。丰富行权手段和渠道,把握中小投资者利益痛点开展行权活动。以股东身份督促上市公司规范治理,存敬畏之心,敬畏规则、敬畏投资者。同时,引导广大投资者积极行使股东权利,参与公司治理。聚焦价值创造,督促上市公司切实提高公司质量,以优异的业绩回报广大中小投资者。

三是积极推动建立符合我国国情的证券群体性诉讼体制机制。丰富支持诉讼案件类型,积极探索推动操纵市场和内幕交易民事赔偿案件司法实践,推动建立相关民事赔偿司法认定标准。适时选取适当案件，探索证券公益诉讼，研究代位诉讼、集团诉讼，衔接诉讼代表人制度。推广使用损失计算软件，提供第三方专业损失核定服务，不断完善"支持诉讼或损失核定 + 示范判决 + 专业调解"的证券群体性纠纷解决机制。

四是打造特色投教品牌，积极普及投资者权益知识。拓展投教形式和渠道，开发投教产品，开展内容丰富的线上线下活动，不断夯实中小投资者教育基础。联合主流财经媒体，通过案例剖析、知识普及等，加大宣传教育力度，提升投资者自我保护水平。提升和扩大《股东来了》投教品牌影响力、覆盖面，形成常态化、机制化安排，引领广大中小投资者全面知权、积极行权、依法维权，传递理性投资、价值投资、长期投资理念。

各位来宾、各位朋友，中小投资者合法权益保护工作是一项复杂的系统性、基础性工程，离不开各方的大力支持，投服中心愿与大家一道，共同努力，携手共进，共同做好投资者保护工作。

我们相信，只要我们不忘初心、砥砺前行，我国资本市场投资者保护一定会有光辉灿烂的明天！

最后，预祝论坛圆满成功！谢谢大家！

观点集萃

INVESTOR

专题论坛一：多元纠纷解决机制实践创新与探索

做好证券期货纠纷多元化解工作 促进资本市场平稳健康发展

黄　皓*

尊敬的各位领导，各位专家，各位来宾：

大家下午好！

感谢大家对资本市场纠纷多元化解工作的关注、支持和指导。借此机会，受中国证监会投资保护局领导的委托，我向大家报告一下证券期货纠纷多元化解机制建设的一些基本情况。

第一个方面，证券期货纠纷多元化解机制建设取得良好成效。

2016 年以来，中国证监会会同最高人民法院建设调解、仲裁、诉讼等有机衔接，协调联动，高效便民、成本低廉的证券期货纠纷多元化解机制取得良好成效。一是建立形成纠纷多元化解的制度体系。2016 年 5 月中国证监会与最高人民法院联合发布《关于在全国部分地区开展证券期货纠纷多元化解机制试点工作的通知》。2018 年 11 月经过两年多的试点，两家单位又联合召开会议，将纠纷多元化解机制建设由试点转为全面推进。我们两家单位也联合发布了《关于全面推进证券期货纠纷多元化解机制建设的意见》，将试点中有效的经验和做法固化下来，在全国范围内推广。这两个通知的发布，标志着我国资本市场纠纷多元化解机制的正式建立。二是初步构建多元化覆盖广的证券期货调解网络。目前共有证券期货调解组织 56 家，调解范围涵

* 中国证监会投保局权益保护处副调研员。

盖资本市场各项投资业务领域,覆盖内地的所有省市。三是打造了一支专业的调解员队伍。目前专职和兼职的调解员超过 1600 人,其中既有业务水平过硬的法官、律师、大学教授,也有实务经验丰富的自律组织法务负责人、仲裁员、公证员等。四是形成了司法和证券期货监管相互支持、顺畅合作的有利局面。人民法院采取立案前委派、立案后委托、诉中邀请等方式,推动当事人通过多元化解机制解决纠纷。五是 56 家调解组织及其调解员纳入人民法院特邀调解组织和调解员名册。截至 2019 年 7 月底,各调解组织共受理纠纷案件 1.5 万余件,成功化解纠纷 1.15 万件,帮助投资者获得补偿约 70.2 亿元。

第二个方面,下一步做好证券期货纠纷多元化解机制建设的几点考虑。

我们将进一步规范和推进证券期货纠纷多元化解工作,落实我会与最高人民法院联合发布的几项意见的要求,持续推进纠纷多元化解机制建设。一是结合证券法修订和期货法制定,推动在法律层面规定市场经营主体配合调解义务等内容。二是设立全国性证券期货纠纷专业调解组织,更好地解决跨区域、跨市场的纠纷,发挥其示范、引领作用,提高调解工作的整体实力。三是在人民法院的支持指导下,建立常态化的调解协议司法确认、法院委派或委托调解等工作机制。四是扩大小额诉调机制的应用辖区和范围,鼓励探索创新给投资者带来维权便利的措施。五是推进证券期货纠纷在线解决平台建设。目前投服中心已成功实现网上远程调解案件有 10 多起。浙江辖区调解组织也与当地法院合作建立了证券期货纠纷的智能化解平台。下一步,我们将按照《关于全面推进证券期货纠纷多元化解机制建设的意见》的要求,依托中国投资者网,建设纠纷在线解决平台,提供给所有证券期货调解组织免费使用,并推动与各地人民法院的办案信息平台实现互联互通。六是推广示范判决加纠纷调解机制的实践。《关于全面推进证券期货纠纷多元化解机制建设的意见》第 13 条提出要建立示范判决机制。我会积极支持人民法院开展示范案件审理,并协助提供证据材料及投资者损失计算等服务,引导其他案件当事人通过纠纷多元化解机制解决纠纷。2019 年 8 月 7 日,上海市高级人民法院就方正科技虚假陈述案作出二审判决,维持了上海金融法院一审示范判决,这是全国首例证券纠纷示范判决的实践。2019 年 8 月 21 日,我局邀请最高人民法院、上海市高级人民法院、上海金融法院以及相关系统内单位召开会议,围绕如何做好方正科其他受损投资者的纠纷化解,以及如何建立示范判决加纠纷调解的协作机制进行讨论,并达成相关共识。

第三个方面,需要探讨研究的几个问题。

第一,如何促进证券期货纠纷调解工作规范化发展。证券期货纠纷调解工作开展的时间还比较短,同时调解方式本身也不具有司法或仲裁的强制力和裁断性,这就更加需要我们各调解组织加强规范发展,提高公信力,对此我们有几个方面的考虑。一是按照《关于全面推进证券期货纠纷多元化解机制建设的意见》的规定,我会将会同最高人民法院开展证券期货调解组织的确定和管理工作。二是研究制定证券期货纠纷调解工作规范,加强调解组织和调解员队伍的规范化管理。三是优化调解员队伍结构,打造一支公正、高效、专业的调解员队伍。四是会同人民法院、调解组织建立多层次的联合培训机制,进一步提高调解员的政治素养、专业水平和职业操守。

第二,关于示范判决加纠纷调解机制的推广和应用。从"方正科技案"来看,目前已起诉的投资者将近 2000 起,涉及全国各地近 1 万名投资者。作为第一起示范判决案例,我们支持投服中心等调解组织在人民法院的支持指导下,按照示范判决的标准统一开展调解。在总结经验的基础上,我们也将引入更多的调解组织一同参与调解工作。同时,投服中心是我们现有的调解组织中力量较强、调解人员较多、调解纠纷也最多的,但是在面对这么大批量的案件纠纷的时候,也觉得工作压力非常大。所以,未来在处理其他的群体性纠纷案件的时候,我们也倾向于先在力量比较强、业务较为成熟的调解组织中推广相关的机制。其他调解组织可以协助开展工作,共同化解矛盾纠纷。

第三,关于调解协议的异地司法确认问题。《民事诉讼法》规定的一般管辖原则是由被告所在地等法院进行管辖;2012 年《民事诉讼法》修改时,将调解案件的司法确认管辖法院明确为调解组织所在地的基层人民法院。实践中,调解组织经常异地调解纠纷,无论是调解组织所在地的法院还是当事人所在地的法院,出于管辖原则等考虑,有时候会出现不愿意对调解协议进行司法确认的情况。对此问题我们有以下几个方面的建议:一是会同人民法院研究推动由调解组织所在地的基层法院对异地纠纷统一进行司法确认。二是根据 2009 年最高人民法院《关于建立健全诉讼与非诉讼相衔接的矛盾纠纷解决机制若干意见》,考虑允许当事人在书面调解协议中自主选择当地人所在地、调解协议履行地、调解协议签订地等地的基层人民法院管辖。三是如果管辖原则短期内难以调整,应继续探索、完善在线司法确认相关机制。

第四,探索建设仲调对接工作机制。这也是《关于全面推进证券期货纠纷多元化解机制建设的意见》提出的要求,要增强调解组织的矛盾纠纷化解能力,需要赋予调解组织多样化的裁判机制。国务院办公厅《关于进一步加强资本市场中小投资者合法权益保护工作的意见》(国办发〔2013〕110 号)也提出开展证券期货仲裁服务,培育专业的仲裁力量,建立调解与仲裁、诉讼的对接机制。2019年也有全国人大代表提出议案,建议组建金融监管部门以外的调解仲裁机构,并且赋予调解组织仲裁职能,中国证监会也参与了相关的答复工作。作为牵头部门,司法部在正式答复中也提出,要探索建立仲裁确认机制,增强行业调解协议的法律效力,我们也在考虑探索建立相关机制。一是由仲裁机构和调解组织合作开展调解工作,对于达不成调解协议的,由仲裁机构予以仲裁。对此深圳证券期货业纠纷调解中心已有成功实践。二是研究建立资本市场纠纷仲裁机构。我国在1987年就加入了承认及执行外国仲裁裁决的《纽约公约》,目前已经有195个国家和地区签署了这个公约,相关的仲裁裁决具有国际普遍承认的法律效力。

欢迎各位专家、学者指导帮助我们完善工作,感谢人民法院的指导和支持,也感谢系统内各部门、各单位、各调解组织和广大调解员的大力支持,也感谢主办方提供的这次交流沟通的机会,谢谢!

美国证券欺诈处置中的“公平基金”实践及其启示

郭　雳*

各位领导、专家、同仁,下午好!

首先感谢主办方投服中心,以及其他协办单位,很高兴参加今天这个讨论。

论坛的主题是投资者保护,其中一个关键的问题就是当投资人利益受到损害的时候,如何有效地进行补偿。我跟大家汇报的题目是关于美国公平基金的相关实践和启示,在接下来的10分钟,大致因循这样一个线索。首先,这是一个什么样的概念;其次,它在美国经历了怎么样的发展和变化,实践当中是如何操作的,在学术上有哪些争议;再次,在我们中国这个市场上对其加以讨论,有哪些特点值得关注;最后是一个简单的结论。

首先是概念,公平基金这个名字很好听,叫“fair funds”,它实际上是几个英文字头的缩写(Federal Account for Investor Restitution Fund),指的是美国证券交易委员会(Securities and Exchange Commission,SEC)把它通过行政审裁或者民事诉讼所取得的一些收入,放到一个基金当中,这些收入包括违法所得,也包括民事罚款以及和解

* 北京大学法学院教授、博士生导师。

金,而这个基金被用于分配给受损的投资者以及举报人。因为时间关系,今天的重点放在受损害的投资人。

表 1　美国公平基金制度的历史沿革

重要节点	SEC 的执法权限	可分配给受损投资者的资金
20 世纪 60 年代	向法院申请司法禁令时附带提出衡平救济请求,在内幕交易等重大违法案件中,可以申请法院对行为人处以民事罚款	无
1971 年“美国证券交易委员会诉美国德州海湾硫黄公司案”(SEC v. Texas Gulf Sulphur Co.)	增加了可以追缴内幕交易违法者的违法所得	无
1988 年“美国证券交易委员会诉第一城市金融公司案”(SEC v. First City Financial Corp. ,Ltd.)	追缴违法所得的权限扩展至虚假陈述案件	无
1990 年《证券执法救济和小额股票改革法》	追缴违法所得的权限扩展至所有证券欺诈领域;民事罚款扩大了范围和数额,为了公共利益可以在行政处理程序中直接对监管对象处以罚款	追缴的违法所得可分配,民事罚款不可分配
2002 年《萨班斯—奥克斯利法案》	追缴违法所得、处以民事罚款	公平基金制度正式设立,民事罚款可与违法所得一起分配
2010 年《多德—弗兰克法案》	追缴违法所得、处以民事罚款(扩大至在止禁令程序中)	仅有民事罚款也可以设立公平基金

表 1 简单列举了一些重要的时间节点,比如,60 年前公平基金这个事物是怎么起源的,以及后续一些重要的案例和相关法律。大家可以看出,它在美国也经历了不断的演进,从最初的内幕交易案件,逐步扩展到虚假陈述类案件。最右边的一列则显示,可以用来赔偿投资者的资金也是从无到有、类型从少到多,到现在仅有民事赔偿也同样可以设立这种公平基金,用来赔偿投资者。

对于公平基金,整体性的评价是它是随着美国证券执法,特别是 SEC 执法权力的扩张以及投资者保护理念的深入而逐渐形成的。特别是在最近的十几年中,其已经将大量的资金分配给受损的投资者。我在论文当中举过一个具体的例子,就是著名电脑生产厂商戴尔(DELL)。在涉及它的一个虚假陈述案当中,其实就是民事诉讼和公平基金操作并行的,而公平基金的规模比民事赔偿还要更大一些。

围绕公平基金,其实存在正反两个方面的观点。批评的意见包括其补偿率比较低,像在很有名的世通案件当中,通过公平基金这部分获得的补偿只有 5.5%。换句话说,它只起到了部分的补偿作用,而不能实现充分补偿,更不必说体现惩罚性。第二类批评是基金补偿存在责任循环,比如,由上市公司来补偿受损的投资者,在英文中有一个说法是“用保罗的钱来赔皮特”,或者更有甚者,如果这些股东还是同一批人,则干脆就是“用皮特的钱来赔皮特自己”。当然,这是一个证券欺诈民事诉讼中普遍面临的质疑,在公平基金当中同样存在。第三类批评是在美国,公平基金的运作虽受法院监督,但主要是由美国证券交易委员会主导的,但美国证券交易委员会实际上也经常成为一个被批评者。

针对公平基金所受的上述质疑,也有一些学者进行了辩护。我这里举一位比较有代表性的,美国乔治城大学法学院的乌尔斯卡 · 维利康亚(Urska Velikonja)教授。她就认为公共执法对受损投资者的补偿是可行且有效的,美国证券交易委员会也是最适合的补偿执行者,传统的私人执法(集团诉讼)则存在一定局限性,在很多情形下,公平基金这种公共补偿手段可以弥补私人执法的不足。其论文通过对 2002 ~ 2013 年间总共 243 只公平基金的具体数据进行实证分析,反驳了公平基金制度的反对者通过“传闻证据”(Anecdotal Evidence)所提出的批评。

具体而言,她认为不能简单地把公平基金笼统地放在一起来批评其偿付率低,而更应将其分解开来,放在虚假陈述案件或者内幕交易案件当中,分类来观察效果,再做判断。再如责任循环问题,根据 Velikonja 教授的论文,其研究所覆盖的公平基金中,资金只有 1/3 来自上市公司本身,责任循环的问题并不突出。由此我也联想到今天上午,付金联庭长演讲中强调实际控制人的责任,在中国和美国其实都是有现实需要的。

到这里可以做个简单的小结。公平基金在美国是证券执法的机制之一,它是一个有效的补充,但不完全替代民事诉讼,也不是简单的重复。经过这几十年的制度实践,在美国从无到有,规模不断地扩张;尽管学界对其补偿效率还存在不同的认识,但对其积极作用还是有相当肯定的。

接下来是比较关键的部分,即在中国我们为什么要关注,为什么要讨论,为什么要去探究公平基金这样的一个现象?我觉得有一些背景因素不容忽视。比如,这几年中国证监会加大了处罚的力度,像过去一般就是没一罚一,而这几年没一罚三的案例变得非常普遍,甚至有没一罚五的情况。通过公共执法获取的资金于是大大增加了,但与此同时,这部分资金目前来看没有办法有效地补偿至受损投资人。因为虽然有证券法的原则性规定,但同时又存在预算法的限制,收支两条线,民事赔偿责任优先的原则实际上没有办法得到很好的落实。

又如，我们花很多时间来讨论具有中国特色的集体诉讼机制，但坦白地说仍然面临很多困难。与此同时，在股票发行（如IPO）领域，我国有一个先行赔付的实践，尽管在理论上不乏争议，却比较有效地解决了在这个环节上投资者获取赔偿的问题，而在其他领域依然是空白。

再如，行政和解。行政和解在证券领域是比较早被提出来的，同样坦白地说，实际进展并不像原来期待的那么快，那么顺利。当然，如果进一步分析，则其中有很多的影响因素。像内幕交易案件，是不是要给予虚假陈述案件那样的赔偿？因为这里面的因果关系其实值得深究，至少在许多专家看来，它并不像虚假陈述案例当中交易因果关系、损失因果关系体现得那么直接、那么合理、那么明显。

最后，是一些简要的结论和设想，也是我研究公平基金制度的一个初衷，核心是把公平基金或者类似这种实践看成一种私人损害的公共补偿，性质上是一种补偿，不是赔偿。之所以要提出这个想法，在于我觉得它可能为目前的一些制度安排（及面临的困局）提供新的发展动力，这些制度安排包括刚才讲到的民事赔偿责任优先，就可以通过公平基金把它落实下来。同样，对于先行赔付和行政和解，更需要新的动力去推动这样的制度创新。

实际上，中国具有一些制度上的优势，比如，刚才提到在美国，美国证券交易委员会主导的公平基金操作常受批评。但在我们国家，有像中国证券投资者保护基金有限责任公司这类的机构，在几起先行赔付的案件当中，已经积累起一定的经验。如果将来中国进行公平基金类似的操作，相比证监会自己来做，若由中国证券投资者保护基金有限责任公司来操作，则其面临的批评和阻力会更小一些。

构建"中国式公平基金"制度，可以通过修改《证券法》来启动，依据《预算法》第56条第2款的规定由国务院批准设立专用资金的财政专户，从内幕交易或者操纵市场领域入手开展试点。规则设计上，可以确立投保基金作为执行主体，注重规则制定中的协商性和分配事项的公开性；继续推动证券行政和解制度的实践，加强公平基金与证券民事诉讼制度的协调，同时保留适当的灵活性。

公平基金制度作为证券执法中的公共补偿手段，是体系化构建投资者损害赔偿救济制度的重要工具。近年来，证监会和法院系统提出要加强对投资者实现损害赔偿多元化路径选择的研究，"救济制度需要监管权力的适度介入"。公平基金恰好提供了一个重要的机制选项，如何在不滥用公权力的情况下较好地发挥其公共补偿功能,值得我们继续深入挖掘探讨。总体而言,作为证券民事诉讼的并行而非替代机制,公平基金应当是践行“公私协同”证券执法体系的有益探索。

以上就是我的发言。非常感谢大家!

充分发挥人民法院职能作用 健全完善金融纠纷多元化解机制

张 新*

各位领导、各位专家、各位朋友:

大家好!非常荣幸有机会参加这次论坛,与大家共同交流探讨如何健全完善金融纠纷多元化解机制的相关问题。金融纠纷涉众广、类案多、专业强,相较诉讼程序,更适宜交由熟悉市场业务和监管政策的专业组织进行调解,有利于高效便捷地化解纠纷,及时保护中小投资者和金融消费者的合法权益。近年来,党中央、国务院、最高人民法院及各金融监管机构等多次印发文件,统筹协调推进纠纷多元化解机制建设。在多方努力下,我国的金融纠纷多元化解机制框架初步形成,调解工作取得显著成效。但与此同时,与法院金融纠纷案件的庞大数量相比,纠纷多元化解机制的作用还远未得到充分发挥,存在调解入口不通畅、调解意愿不强烈、调解成果难保障等“短板”问题。下面我就如何充分发挥法院职能作用,为金融纠纷专业调解提供有力的司法支撑,与大家分享几点想法。

一是加强诉调对接,为纠纷导流提供渠道支撑。调解组织与法院可进一步加强诉调对接合作,将更多诉讼纠纷引入调解渠道。在诉前委派调解环节,可根据最高人民法院《关于进一步贯彻“调解优先、调判结合”工作原则的若干意见》及上海市高级人民法院《关于加强立案和诉调对接中心衔接工作的意见》等相关规定,将各类涉及中小投资者和金融消费者的金融纠纷作为涉及民生利益的案件、可能影响社会和谐稳定的群体性案件以及特定行业类案件,纳入优先调解的案件范围。在诉中委托调解环节,加强流程对接、案卷递转、审限管理等工作,加快委托调解节奏,减少当事人和办案法官的顾虑。在诉讼费用等方面,为自愿选择诉中委托调解的当事人给予一定的优惠激励,可根据不同的诉讼阶段以及结案的不同方式就受理费的减免做阶梯

---

* 上海市第二中级人民法院副院长。

式规定。对于承诺接受调解后无正当理由拒绝参加调解，在调解组织提出合理可行的调解方案后拒绝接受，或者拒不履行已经达成的调解协议的当事人，可令其承担案件受理费以及对方支出的交通、住宿、就餐、误工等各项费用。还可探索在司法层面上肯定单方承诺调解机制的效力，在坚持以当事人自愿为启动调解程序的前提下，对于一方当事人为上市公司或金融机构的金融纠纷，在调解意愿的表达上可以采取事前委托、批量委托等便捷方式，即由上市公司或金融机构与行业内的专业调解组织达成协议，允诺将未来可能涉诉的金融纠纷交由该调解组织调解。一旦涉诉，法院仅需征求对方当事人的同意，即可将案件交由该调解机构调解。

二是明确裁判的标准，为纠纷化解提供规则支撑。调解预期不明确是影响当事人调解意愿的重要因素，特别是在涉众金融纠纷调解过程中，如果当事人无法就事实或者处理结果达成合意，则调解将陷入僵局。例如，从投资者诉某上市公司证券虚假陈述责任纠纷案件的委派调解中可以看出，在法院尚未对实施日、揭露日和基准日作出认定前，当事人接受专业调解的意愿并不强烈。作为法律适用和纠纷解决的权威机关，法院可通过相关制度安排，为当事人明确法律适用预期，引导纠纷调解提供裁判样板。例如，可以建立健全示范判决机制，对证券虚假陈述、内幕交易、操纵市场等行为引发的涉众性民事赔偿纠纷，通过案件选定、合并审理、法官释明、心证公开等一系列程序安排，使得相关案件的共通事实问题和法律争议能够在一起诉讼、一个庭审、一份判决中充分反映出来，从而确立裁判标准。示范判决生效后，引导平行案件当事人通过专业调解组织参照示范判决的裁判标准进行调解。最近，上海法院就方正科技公司虚假陈述责任纠纷作出全国首例证券纠纷示范判决，引起各界的高度关注和肯定，也展现了上海金融纠纷多元化解机制建设的重要成果。再如，可在金融纠纷案件中探索法律适用意见书制度，由法院以权威第三方的身份出具法律适用意见书，释明法律适用标准，将有利于当事人正确认识法律风险，促成调解。需要注意的是，法律适用意见书仅就法律适用问题进行释明，原则上不涉及事实认定，亦不作假设性裁判。

三是完善制度机制，为调解成果提供效力支撑。调解的目的是高效便捷地实现权利救济，调解协议的法律效力和履行效果事关当事人的切身利益，也关系整个调解制度体系的成败。其中，调解协议司法确认是诉讼与调解的重要制度连接点，从目前的法律规定和司法审判实践来看，亟须解决司法确认的管辖权问题。对于委派调解和委托调解而言，进行委派和委托的法院对所涉纠纷具有管辖权，对司法确认也当然具有管辖权。对于当事人自行向调解组织申请调解而达成的调解协议,司法确认管辖存在不同认识。我们认为,从促进调解协议履行,便利当事人的角度考虑,对司法确认管辖权的划定标准宜适当放宽,凡与纠纷或调解行为有关联之地的法院均有管辖权,应允许当事人合意选择。在调解过程中,还可探索建立调解中财产保全制度。与一般民事调解不同,金融纠纷调解的标的额一般较可观,当事人之间亦不存在较密切的社会联系,为防止当事人假意调解,借机转移财产、逃避责任,有必要建立调解中财产保全制度。如果当事人直接向调解组织提交调解申请,可以向调解组织所在地的人民法院申请保全,如果由法院委派、委托调解,当事人可以向委派、委托的人民法院申请保全。司法机关还可支持调解组织建立调解协议督促履行和辅助履行机制。如由当事人一方或双方向调解组织交纳保证金或者由调解组织提供第三方资金监管服务等,以保障调解协议的后续履行。

以上就是我对金融纠纷多元化解机制提供司法支撑的一些想法。相信在各方的紧密合作、共同努力下,我们能够探索出一条真正符合中国国情的金融纠纷多元化解之路,为保护金融投资者和消费者合法权益,为上海建成国际金融中心作出更大贡献。

证券多元化解机制的运作与思考

符　望*

各位嘉宾大家好!

很高兴有这个机会来这里跟大家交流。今天我发言的题目是“证券多元化解机制的运作与思考”,主要是从上海金融法院的视角出发,从我们一年来的实践出发。近年来,受国内外的金融经济形势影响,金融纠纷也是逐年增加,这样大量的纠纷都反映到我们法院来了,因为我们在立案庭是感受特别明显的。

在这样的一个情况下,推进和完善以诉调对接平台为载体的金融纠纷多元化解机制,有助于畅通金融消费者诉求表达渠道,满足金融消费者多元的司法需求,对上海金融业健康发展和上海国际金融中心建设意义重大。

基于这个思考,上海金融法院从建院初期就非常重视和发展多元化解机制的作

---

* 上海金融法院立案庭副庭长。

用,尤其是证券行业的多元化解。我们一年来觉得也是做了一些事情,也有一些经验、教训等,想在此做一个总结。

第一点,推动多元化解的重要意义。

其实重要意义大家都不需要太多去说,在上海,我们要打造一个国际金融中心,与此伴随的是大量的金融纠纷,我们这里有一个数据,我们在筹办金融法院的时候做了一个统计。比如,从2015~2017年上海全市法院受理的一审金融上市案件是从8.4万多件一直上升到17万件,整整翻了1倍多。我们金融法院运行一周年以来,我们当时筹建的时候,满打满算,觉得原来一两种两个数据差不多4000件,结果一周年下来一共收了6600件案件,其中标的额也是超过了1100亿元,这个是远比我们设想的要多。

案件不断增多和经济下行有一定的关系,也与当事人对上海金融法院有更高的期待有关系。因为我们发现很多的当事人,虽然原被告都不在上海,但是他一定要约定到上海来管辖,以致我们的案件不少。

但是随着法官员额制的改革,法官数量并不会增多,我们现在不到30名法官,要面对6600个案子,确实非常忙。在这种情况下怎么解决这个纠纷?其中多元化化解就是一个重要的做法。

在上海市高级人民法院的领导下,我们法院系统一直是不断推进“一行两会”等金融监管部门行业协会和专业调解组织的合作。现在已经形成了覆盖金融全行业的系统性的纠纷的多元化解体系。2018年10月上海金融法院在成立之初,在不到两个月的时间内就建立了一个诉调中心,并且与5家调解机构,比如,中证投服中心还有金融调解中心、行业调解中心等,还有保险同业工会以及上海市的证券基金期货业纠纷联合调解人民委员会等,我们签订了一个协议,对调解的案件范围、调解员的选任还有合作调解方式、调解的效力确认等进行了明确,这样就把很多案件委托给他们进行调解,这样就可以为金融消费者提供一个专业、便捷、高效和公正的纠纷解决途径。

这个机制建立以后,在我院建立初期,其中就有一个1.16亿元的金融借款纠纷,是调解成功了。到现在,我们调解最大的一起案件标的是4.21亿元,我们上海市给予这种多元化解特殊的支持。比如,调解成功了,如果需要进行司法确认的,只收1/4的诉讼费,那如果四五亿元的案子,诉讼费从1/2变成1/4,这也能节省几十万元。我想这样的一个激励机制是非常有效的。

我们看最近大家比较关心的,叫作世界银行营商环境。其中在执行合同中,它评价的一个指标就是执行合同的时间成本和金钱成本。在这个指标下,中国排名大概是第五、第六,而美国排名只是 20。为什么?因为我们的金钱成本比较低,差不多 100 万元的标的所花费的律师费、诉讼费等各项费用只有 16 万元,而美国是 32 万元,那我想这是一个很重要的数据。

第二点,我想说的是,证券多元化解是重中之重,这方面最高人民法院以及中国证监会都出台了很多的文件。2016 年最高人民法院和中国证监会专门发布了一个《关于在全国部分地区开展证券期货纠纷多元化解机制试点工作的通知》。

2018 年 11 月两部门又下发了《关于全面推进证券期货纠纷多元化解机制建设的意见》,这在其他领域都不会发这样的意见,可见对证券行业多元化解非常重视。建设这样的一个机制是畅通投资者诉求表达和权利救济渠道,保护投资者合法权益的一个重要举措。

近年来,随着我们上市公司虚假处罚的增多,越来越多的案件也涌入了法院。根据我们的统计,一年以来受理的 6600 件案件中,有 55% 的案件都是这样的虚假陈述案件。此外,与证券市场相关的案件也为数不少。

比如,债券违约,还有一个证券质押回购、私募股权纠纷等。在这样一个证券纠纷高发的背景下,我们和中证投服中心也是进行了多方面的合作。一个是示范判决加专业调解加司法确认,全链条的金融纠纷化解机制。

我们法院经过调研,出台了全国首个关于证券纠纷示范判决机制的规定,在处理群体性证券纠纷中选取具有代表性的案件,先行审理,先行判决,然后发挥示范案件的引领作用。判决生效以后,对已经立案的平行案件由法院委托专业第三方调解机构进行调解。根据示范判决所确立的事实认定、法律适用标准等,就是“照葫芦画瓢”,所以会省力很多。

对于尚未立案的案件,法院在立案的时候,我们会在窗口进行告知,因为立案之后可能马上要付诉讼费,我们告知他有一个示范案件可以直接委托中证投服中心调解等,很多当事人就表示愿意接触诉调,这样我们再把案件委托给投服中心。如果能调解成功,能当场履行的一分费用都不需要支付,如果需要法院出具调解司法确认的,只收 1/4 的诉讼费。在这种激励机制下,很多当事人就愿意接受调解。

比如,第一例示范案例方正科技已经判决生效了,所以我们近期开展的一些案件逐批逐批的,每个月委托给投服中心进行调解。

另外,投服中心作为专业机构辅助法院核定损失。我们在示范判决的机制中,也明确提出可以委托第三方专业机构核定损失。在方正科技的案件中,投服中心作为第三方专业机构辅助法院进行了损失核定,法院也是据此作出了裁判。

首先,有一个规则方面的合作。比如,投服中心近期进行了规则的修订,包括调解规则、简易调解、工作细则,单边裁决细则,网络调解工作细则等,那我们法官也会在参与意见的制定和修改时参与研讨,以便于调解更加公正公平,为司法确认程序打好基础。

其次,我们想在其他方面的合作,比如,投服中心可以持股行权,代表中小投资者提出诉讼。我们上海法院的管辖细则里面专门写了一条,就是上海金融法院可以管辖属于证券法、证券监管以及交易规则调整范围的与上市公司有关的纠纷包括上市公司收购纠纷,以上市公司股票为标的股权转让纠纷,公司增资纠纷等。某类纠纷如果影响了投资者的利益,投服中心可以代表中小投资者提出诉讼。

第三点,我想谈一谈证券多元化解的未来与展望。

目前证券多元调解机制还存在一些不够完善的地方。比如,示范判决生效周期比较长,影响了平行案件的委托调解。委托调解的手续比较烦琐,影响了法院调解的积极性。网络调解方面还有一些衔接不畅的地方。上市公司与投资者代理律师的调解还存在各种各样的顾虑,影响了调解成功率等。但是我相信在社会各界的重视之下,多元化解机制将不断完善。

从我们的视角而言,我们也准备做好几项工作。

首先,加大委托调解的力度。对存在生效示范判决的案件,应及时委托调解组织开展诉前、诉中调解工作。对于调解成功,当事人申请确认的案件,应及时出具司法文书。此外,还可通过诉讼费减免机制对调解形成激励作用。

其次,结合最高人民法院提出的诉讼服务中心升级的目标打造统一化的调解平台,优化调解委托机制。比如,我们现在在立案的时候,所有当事人递交的材料都会扫描成电子卷宗,以后通过这个平台,我们希望电子卷宗一点击就给调解机构了,就不用再复印纸质的,调解成功之后可以通过这个平台生成调解书,加快司法确认进度。

现在诉讼服务中心是近期人民法院工作的一个重中之重,这个平台建成之后所有的调解都会再现,包括各种调解率、调解案件数,最高人民法院会采用实时排名的方式,使大家都能看到各个法院委托的努力以及调解的结果。

最后,进一步密切与证券调整组织的沟通、联络,在网络调解、案例研讨、调解员培训等方面进一步加强合作,推进完善金融纠纷多元化解机制,谢谢大家!

证券期货纠纷解决机制的构建

范 愉*

谢谢主持人！非常感谢有这样一个学习的机会，因为纠纷解决是一个非常广泛的领域，证券期货这类纠纷专业性很强，本人在这方面的研究非常有限，这次会议使我获得了很多相关知识和信息，获益匪浅。

关于"证券期货纠纷解决机制的构建"这个题目，我给会议提供了一篇发言稿，在《投资者》第2期上还发表过一篇更加详尽的相关论文。本人在研究证券期货纠纷解决机制的构建时，可能多少有一些理想主义或者务虚的色彩，由此这些观点仅供参考。刚才前面的几位报告人的发言与我们会议的主题非常契合，很多观点我也十分赞同。由于会议发言时间十分有限，我就不准备重复念这篇稿子了，而是根据今天会议的主题讲三点问题。

一、证券期货纠纷解决机制建构的思路与模式

我们今天会议的主题是适当性管理，其实对适当性以及什么是适当的理解，恰好反映了资本市场纠纷解决机制的发展进程。因为投资者保护及金融消费争议者保护的理念和实践比资本市场和市场本身的发展要晚得多，它是在消费者运动的时代背景下逐步产生的，在全球这一问题及其理论实践都起步较晚，且正在发展之中。

面对证券期货的这类纠纷、特别是群体性纠纷的大量涌现，当代世界大致有两类治理思路或解纷模式。一类是美国早期尝试建立并大量应用的集团诉讼和公益诉讼的思路。我国法学界和证券业对集团诉讼、公益诉讼都曾有很高的崇拜或迷信，早期的研究者大部分都是以美国证券类集团诉讼作为样本的，因为在美国证券类诉讼案件属于集团诉讼中运作相对较好的一类。但是即便如此，集团诉讼也存在很多问题以及极高的风险和成本，所以才会有很多的新的替代性机制出现。

有关集团诉讼的作用、争论和问题已有很多研究，此处我就不再赘述，但是我们应当清楚集团诉讼的内在逻辑。

---

* 中证中小投资者服务中心特邀调解员、中国人民大学教授。

首先，集团诉讼被称为私人检察官制度，其中隐含的逻辑是：正因为行政监管存在很多缺失和漏洞，过于消极或不到位，才需要有私人执法的加入。换言之，如果行政监管更加有效、更加积极，则集团诉讼是有可能被替代或减少的。

其次，替代性纠纷解决（Alternative Dispute Resolution，ADR）理论及ADR运动的出现，提出了以非诉讼方式作为主要解纷渠道的思路。ADR所要替代的就是诉讼，也包括集团诉讼，主张尽可能用非诉讼的方式（包括行政性ADR）来替代诉讼，把非诉讼程序挺在前面，这种思路对于证券期货纠纷解决机制的建构更具有积极意义。

最后，随着金融消费者保护和中小投资者保护等新理念的深入，当代世界各国在建立此类纠纷解决机制方面的创新和探索不断发展，出现了很多新的机制或制度。如刚才郭雳教授介绍的投资者赔偿基金，目前在美国发展得非常好，逐渐形成了与集团诉讼并行的趋势。而且在美国很多需要发挥行政监管作用的领域，已经形成了一种惯例或制度，即要求当事人在诉讼之前尽可能穷尽行政救济手段；在诉讼中，法院则会秉持司法谦抑的原则，尽量尊重行政救济而不轻易推翻，以支持行政性解纷机制的作用。

这样，美国实际上就形成了金融证券类纠纷解决的多元化格局和趋势。

第二种思路，是欧洲大陆近年来快速发展的以申诉专员制度为代表的专门性解纷机制，例如，新型金融消费者保护机制和在证券投资类申诉专员制度。其特点是以非诉讼纠纷解决机制为主流渠道，行政监管和行业性自律相结合，建立专业化、专门性机制，将协商、调解和裁决结合在一起，形成处理某一类纠纷（如证券期货或金融消费纠纷）的专门化机制。申诉专员制度并不刻意与司法诉讼程序进行衔接，强调资本市场规律以及纠纷解决自身的规律。这一机制的建立，从早期资本市场强调投资者风险自负，转向对弱势一方（中小投资者或金融消费者）适度倾斜、加强保护的政策，其专门性、适应性等优势和社会效益非常明显。

首先，申诉专员在调解中拥有调查权，可以把行政监管和执法以及纠纷解决高度融合为一体，带有服务和监管并行兼顾的特点。

其次，申诉专员机制在解纷过程中能很好地起到预防性作用，可以针对纠纷发生和解决过程中反馈出的问题，包括规则制度等方面的问题及时弥补漏洞，调整或建立规则，并促进行业组织成员积极主动参与纠纷解决和投资者保护。

最后，成本低、效益高，有利于发挥和尊重行业自律和市场规律的作用，用监管和自治相结合的方式把问题解决在行业内部,并承担起保护投资者的重要社会责任。虽然申诉专员制度并不刻意与司法进行衔接,但在一些实行法定前置调解(强制调解)的地方,也被作为解决相关纠纷的法定必经程序,成为法定前置调解的组成部分,得到法律的承认。

可以看到,欧洲大陆的申诉专员机制对于弱势群体的保护以及特定类型纠纷的专门性解决,更具有建设性和高效益。

比较上述两种思路或模式,我们可以看到,当今世界在面对证券期货这类新型纠纷时,其共同之处在于纠纷解决机制的建构都出现了多元化趋势,都强调行政监管、行业自治和司法的协调,都非常重视非诉讼程序的作用。

二、中国证券期货纠纷解决机制的现状

2018年本人所在的中国人民大学纠纷解决研究中心受投服中心的委托,对证券期货业的调解及纠纷解决机制进行了调研。我们在调研报告中对近年来相关机制的创新发展给予了高度评价。近年来,我国法院在处理证券期货纠纷案件中也在大力推行诉调对接,与行业性调解形成了密切的互动。由此,目前中国证券期货纠纷解决机制实际上已经形成了一种不同于上述美国和欧洲的第三种模式。其特点是,在证券期货纠纷解决中,对司法有高度的依赖或倚重,以司法为中心,以诉调对接为形式,法院与行业调解(特别是投服中心)合作,采用示范诉讼、委托调解、司法确认等相互衔接的方式,形成了自己独有的多元化纠纷解决机制。

在我国,对司法机关在证券类纠纷解决中的统领作用高度重视,立案登记制实行之后,取消了原来处理虚假陈述诉讼案件的行政前置程序,实际上有鼓励此类纠纷以诉讼方式向法院集中的效应。这种做法与国外以非诉讼方式为优先的思路多少有些逆向,但这种做法也是符合中国自身的特点和需要的。

首先,中国的资本市场,包括投资者群体,其成熟度以及承受风险的能力更低,这就需要在进行投资者教育的同时,加强对中小投资者的保护,建立符合中国国情和当事人特点的纠纷解决机制和救济方式。

其次,我国目前有关证券期货方面的法律规则、制度等本身存在严重的缺失、滞后等问题,在这种情况下,确实需要依靠司法机关通过诉讼审判,形成案例,在资本市场中逐步建立规则并给予明确的指导。很多调解员在调解中,都是以最高人民法院

的判例等作为依据，给当事人进行解释、作出判断的。所以，以司法为中心的模式比较符合中国的实际需要。

最后，我国的行政监管的能力和公信力，主管部门独立制定规则、创立解纷机制的权威、能力和主导地位都需进一步提高。因此，目前中国社会从决策层、业界人士、法律界到当事人，以及资本市场本身，对于行政监管缺乏信任，而对司法的期待或依赖则更强。

基于这些主要原因，我国就形成了一种以司法为中心的多元化纠纷解决机制，即先将纠纷集中到法院，再由司法以诉调对接方式委托给行业调解，并通过示范诉讼等方式进行指导、统领，诉讼和委托调解、特邀调解以及司法确认等机制相互衔接、高度交叉。毋庸置疑，这种模式有其积极性和建设性的一面，比较符合中国的实际。但另一方面，也反映出其中存在的一些问题，特别是独立于司法诉讼的专业性非诉讼机制的作用尚需提高，这种情况有待于在今后的发展中进一步改进完善。

三、对证券期货纠纷解决机制的展望和期待

下面，我谈一点对证券期货业纠纷解决机制发展的展望和期待。

首先，尽管目前业内对于投资市场和纠纷解决的问题和需求的认识开始趋向一致，行政监管的积极作用也在不断提高，但仍存在一些不足，特别是顶层设计的能力，包括立法的引领、建构作用相对较弱。短期内暂时还无法通过立法来完成一个多元化专门性纠纷解决机制的建构。

其次，我国目前初步形成的证券期货纠纷多元化解决机制应在继续健全和扩大影响作用的同时，尽可能先稳定一个时期，不宜频繁变动，以进一步积累经验，发现问题和不足，通过对现有机制的经验、问题进行系统总结和深刻反思，去寻找制度创新的突破点，或将其上升为法律制度。

最后，投服中心的建立是证券期货纠纷解决机制的一个亮点和重要创新，我个人对它的寄予很高的期待。希望在今后的发展过程中，随着其专门性解纷能力和社会公信力的提升，经验不断积累，随着行政监管和司法有关规则、案例大量的积累和完善，能够在投服中心的基础上逐步建成一种以非诉讼为主渠道，类似于申诉专员的新型证券期货专门性解纷机制。

总之，我希望在中国证券期货业在今后的发展中，立足于国情和社会需求，合理

借鉴国外相关经验,尊重和遵循证券期货类纠纷解决的规律和特点,既要稳健发展,又要面向未来、积极建构,尽早建立一个符合中国资本市场特点和投资者保护需求的专门性纠纷解决机制。

我就简略地说到这儿,谢谢大家!

整合资源　形成合力　纠纷多元化解的浙江探索与实践

廖育奎*

各位领导、各位专家,各位同仁:

大家下午好!很高兴能有这么一个机会向大家汇报一下浙江辖区的多元化解的探索与实践,在此对投服中心的辛勤付出表示衷心的感谢!

这几年,浙江在推进证券期货纠纷多元化解机制建设,破解中小投资者维权难,民事赔偿救济不足的痛点做了一些探索和实践。2019 年 6 月,我们联合杭州市中级人民法院正式上线运行“浙江证券期货纠纷智能化解平台”,为投资者提供“一站式”的维权救济服务,助力投资者足不出户就可以化解纠纷,降低投资者的维权成本。以下我将汇报四个方面的内容:一是平台的概况;二是平台的科技特点;三是平台的开发背景;四是下一步的思路和计划。

第一,智能化解平台助力投资者足不出户化解纠纷。在最高人民法院和中国证监会关于多元化解机制的文件下发之前,我们就在思考和探索,怎么充分运用在线纠纷解决方式开展投保工作。从 2018 年 10 月开始,浙江证监局与杭州市中级人民法院,浙江证券业协会,海规网络科技有限公司等多方通力合作,历时 10 个月,成功开发了智能化解平台。进一步便利了投资者通过调解和诉讼维权,力争实现由“最多跑一次”到“一次都不用跑”。

智能化解平台是实现诉讼与调解流程无缝对接的证券期货纠纷在线化解平台,旨在为投资者提供“一站式”的维权救济服务,通过投资者少跑腿、数据多跑路实现投资者足不出户化解纠纷。平台具有集成化、智能化、开放化等多个特点。一是集成化,平台集成了在线申请、在线调解,在线审理,在线司法确认,电子送达、电子档案等不同的功能模块,可以满足纠纷当事人、人民法院、监管部门、调解组织四类用户的便

---

* 浙江证监局法制工作处处长。

利化需求。二是智能化。平台充分利用现代互联网技术，具备纠纷化解的“调解—诉讼—司法确认”全流程的智能流转，诉讼与调解流程循环切换，远程视频在线调解及庭审，自动生成相关法律文书，辅助投资者损失计算等功能。三是开放化。平台可以与法院的办案信息系统、专业第三方的技术支持系统、其他的在线调解平台互联互通，可以打破不同单位、不同平台之间的数据隔离，进一步便利投资者维权。四是公益性。平台建设坚持公益原则，平台向投资者免费开放，在纠纷化解中，除诉讼案件按规定收取诉讼费外，调解案件不收取费用。

平台的正式发布时间是 2019 年 6 月 5 日，3 个月以来，我们共收到投资者的申请（诉讼、调解）290 余件，平均一天 3 件，目前正在积极稳妥处理中。有 40 余件的纠纷有望在近期通过这个平台调解成功。这是我介绍的第一方面——我们平台的概况。

第二，智能化解平台的科技赋能，以便利投资者为出发点。智能化解平台以便利投资者为出发点，设置平台的功能和模块，并积极运用人脸识别、语音识别和大数据等技术，让投资者等各方易用、好用、想用。

一是围绕投资者维权需求，设置在线调解、在线诉讼两大核心功能模块，并设计诉讼与调解可在线转换的功能。二是针对投资者维权能力较弱的现状，研发辅助维权功能，开发维权咨询、判例参考等功能，帮助投资者获取维权知识，引导投资者建立明确预期，选择合理维权方式。三是聚焦投资者维权不方便的问题，运用各种技术，支持投资者足不出户维权。运用人脸识别技术和支付宝的实名认证系统（和公安部的公民数据系统互相匹配），确保当事人的身份真实。平台采用稳定、安全可靠的视频技术，支持电脑端和手机端，手机端是我们后期考虑的方向，目前的视频技术支持电脑端的接入，可支持多人、异地的网络视频庭审和调解。

举一个例子，我们调解员在上海，一个当事人在北京，另一个当事人在杭州，我们三地就不用集中到上海来调解。约一个时间，大家打开电脑，登录这个平台，就可以在线进行调解了，免去大家异地奔波的辛苦。

另外，平台还运用了阿里云的语音识别技术，识别的准确率可以达到 90% 以上，系统自动把全程的调解、庭审的语音转化为文字，并进行了智能的校对，形成了调解或庭审的笔录。平台在裁判文书包括调解文书的起草环节，融合了前沿的 AI 技术，利用案件生成过程中所沉淀的数据字段，裁判文书的形成更加智能化。同时，平台还把电子签章应用于裁判文书的生成。这是我向大家汇报的第二方面——平台的一些科技特点。

第三,智能化解平台是纠纷化解多年实践探索的一个最新成果,在这里我简要向大汇报一下浙江这几年多元化解的实践,以及平台产生的背景。

这几年,浙江辖区在纠纷多元化解工作中,逐步建立健全"调调对接""诉调对接""信调对接""律调对接""仲调对接"五位一体的证券期货纠纷化解格局。2012 年 7 月设立了全国第一家由地方证券协会组织的证券纠纷调解专业委员会和证券纠纷调解中心,并与杭州市有关基层人民法院签署合作备忘录,开展了诉调对接的工作试点。同一年与多家的律师事务所和杭州仲裁委建立了律调对接,仲调对接的合作,提高了行业调解工作的专业化水平。

2013 年我们又建立了证券纠纷调解联络员制度,由浙江辖区各证券经营机构合规运营部的负责人作为协会的调解联络员。2016 年 12 月浙江证监局与杭州市中级人民法院正式启动了证券期货纠纷多元化解的试点工作。2017 年 5 月 11 日设立了全国首家专门针对证券期货纠纷的证券期货巡回法庭,成功开庭审理证券虚假陈述责任纠纷等案件 20 余起。

2019 年年初,我们又和浙江省高级人民法院联合印发了《关于证券期货纠纷诉调对接工作的贯彻实施意见》,在浙江辖区全面推进证券期货纠纷多元化解的机制建设工作,充实了调解组织的力量。在诉调对接工作中,我们还积极引入了专业的第三方为证券期货案件司法审理和调解提供了专业的技术支持,也积极探索"示范判决 + 批量调解"的工作机制。

除了调解工作的积淀,平台开发也是有现实的需要。浙江资本市场的发展对纠纷多元化解的工作也提出了新要求。近年来,随着资本市场的快速发展,证券期货纠纷数量也在增长,类型多元化、群体化、复杂化,大规模侵权案件呈现了短期激增,长期稳增的一个现象。以杭州市中级人民法院的数据为例,2018 年杭州市中级人民法院证券期货纠纷数量同比上升了 490% 的量,给法院的审判工作和资本市场的平稳运行带来巨大压力。如何运用互联网平台在线高效解决纠纷,成为我们面临的紧迫课题。

此外,浙江的"枫桥经验",最多跑一次改革和杭州的互联网之都,都有力助推智能化解平台的探索。"枫桥经验"的核心内涵是,坚持矛盾不上交,就地解决,化解矛盾,维持稳定、促进发展。习近平总书记也强调,要把"枫桥经验"发展好,坚持好。"最多跑一次"改革是"集成服务,一次办结"的服务模式创新;杭州是拥抱互联网和大数据技术推进大众创业、万众创新的智慧之城,拥有众多的互联网科技的企业。在这样的背景下,浙江证监局与杭州市中级人民法院以服务投资者为出发点,不断探索“互联网+”“最多跑一次”的诉调对接新模式,共同建设浙江证券期货纠纷智能化解平台,充分运用互联网和大数据技术,为投资者提供“一站式”的维权救济服务,让投资者少跑腿,数据多跑路,进一步便利投资者调解和诉讼的维权。这是我向大家汇报的第三方面——平台的开发背景。

第四,不忘投资者保护的初心,切实发挥智能化解平台的作用。我们大家都知道,资本市场是一个多元共生的生态系统,而投资者是维系整个生态运行的基石。现在我国投资者队伍达到1.5亿人,其中95%以上为中小投资者。这些中小投资者往往缺少必要的专业和法律支持,很多时候投资者诉讼维权的成本实际上是高于它的维权收益的。曾有一句通俗的话说,投资者在维权的时候,面临着“为追回一只鸡,必须杀掉一头牛”的窘境。所以,我们建设的智能化解平台期望为投资者在线“一站式”的维权提供便利,进一步提升诉调对接多元化解效率,降低投资者的维权成本。我们期待,这样有助于强化民事责任的约束,使违法成本的提升和投资者合法权益的维护相统一,缓解行政监管执法压力过大和司法资源紧张的困难,进而夯实我们资本市场可持续健康发展的基础。

下一步,浙江证监局将全面加强与杭州市中级人民法院等司法机关,行业协会、调解组织和第三方专业机构的合作,不断完善智能化解平台的功能,我们接下来准备开发手机端的应用,进一步地便利投资者;并将智能化解平台作用的发挥与“示范判决+集中调解”机制紧密结合。今天我有种感受,监管部门很希望强化民事责任的约束,把纠纷引导到民事诉讼;但法院现在“案多人少”问题很突出,他们又希望从源头上,案件就不要来法院。这两者是存在矛盾的,但有一个结合点可以处理这个矛盾,那就是“示范判决+集中调解”的模式,群体性的案件可以先示范判决,然后引导集中批量的调解。我们这个平台能够为示范判决和批量调解提供强大的技术支撑,不仅投资者少跑腿,我们监管部门、调解组织、法院互联之间也少跑腿,环节也会减少,流转会加快,既可以大大降低投资者维权成本,也可以提升我们纠纷处理的效率,助推积极、稳妥高效地化解证券期货的纠纷,为市场的健康稳定发展贡献力量。

综上所述,我在这里表个态,我们平台的网络架构的可复制性比较强,如果大家有需要,我们这个技术可以支持全国系统各兄弟单位的快速复制和推广,我们也将全力做好服务工作!我的发言到此结束,不妥之处,请大家批评指正。谢谢大家!

证券虚假陈述案件中第三方机构的功能定位

龙　非*

各位领导、各位同仁、朋友,大家下午好！非常荣幸有机会能够在这里为大家做这样一个报告。

今天我给大家报告的题目是“证券虚假陈述案件中第三方机构的功能定位”。为什么我想跟大家报告这样一个题目呢？大家知道,自 2016 年最高人民法院和中国证监会确定了 8 家调解机构以来,中国证券投资者保护基金有限责任公司作为调解组织当中的一家也在不断开展多元化纠纷解决。从 2016 年以来也做了不少的调解的工作,到现在为止已成功调处了 500 多件案子,金额达 6000 多万元。我们现在也是在利用我们自己的优势,包括从事现金赔付的优势,包括数据上的优势等,我们要开发我们的数字计算系统,包括我们下一步还在开发我们的多元化纠纷的统一服务的平台,以期能够为法院和当事人提供更为便利的这样一种纠纷解决的服务。

所以在这个过程中,我们积累了相当多的一些经验,但是同时我们也感觉到第三方机构在证券虚假陈述案件当中的一个功能定位,越来越值得探讨。所以今天跟大家探讨这样一个问题,就是第三方机构到底在证券虚假陈述案件中它是要承担一个专业的支持还是调解,还是一个证人,还是一个综合的功能。

之所以提出这样一个问题的主要原因是源于这样一个基本的现状,就是我们现在虚假陈述的案件,我个人觉得可能面临这样几个困境。

第一,同质性的案件数量越来越多,大量的占用了司法资源。我们现在在推广的“示范判决 + 委托调解”,虽然取得了良好的成效,但是即使在法院作出了示范判决之后,仍然面临的一个现状就是,大量同质化的案件不断地涌入到法院,法院仍然还是要面临怎么去解决的问题。

对于法官来说,他判了一个两个具有示范性的判决之后,其他的同质化的案件可能就变成一种体力劳动。这个无论是对于法官还是法院来说,都是一个非常大的压力,所以这也是为什么现在很多全国的法院对于调解组织都有一种强调的需求,我想这是一个很重要的原因。

---

* 中国证券投资者保护基金有限责任公司法律部副总监(主持工作)。

第二,这种案件争议的历时非常持久,而且难以在短期内得到有效的控制。从法律上来讲,原告至少有 3 年的诉讼时效,理论上还可以中断。从被告的角度来讲,如果他拖延诉讼,对他来讲可以换取货币时间价值。所以从经济理性的角度来讲,若我是被告,我也会拖延诉讼。在这种情况下,法院就不得不面临着一个上市公司所引发的这种案件,可能历时数年,而且难以得到有效的化解。

第三,调解的难度越来越大。我们现在已经发现,若稍微做一下统计,则我们近几年因为证券虚假陈述,特别是因为财务造假而被处罚的上市公司,大概有接近一半的数量在处罚完之后已经陷入一个经营不佳的境地。对这样一些公司,调解的难度是非常大的,因为它没有这样一个资金实力来支持这样一种赔付。即便是有这样实力的上市公司——刚才我们谈到了——他也更愿意从经济理性的角度去拖延诉讼。

还有一个,我们国家法院司法机关的高效的审判,当然是积极的,但是从另一个方面,它实际上压缩了调解的窗口期,很简单的一个说法,如果我是当事人,则调解可能会在下个星期能拿到钱,可是因为法院审判效率很高,可能走诉讼程序下个月才能拿到钱,但是调解又肯定要打折扣,而诉讼则可以拿到全部,所以在这种情况下,当事人可能就不愿意调解了。

客观上来讲,它会使我们调解的难度越来越大。这些因素导致我们现在必须面临着调解组织在这样一个争议解决当中,需要扮演一种什么样的角色才能够弥补或者补充法院的这种需求。

如果我们调解组织所能做的,法院也能做,这样一种差异性或者补充性就难以体现出来,调解组织的实际功能就难以得到非常充分和有效的发挥。从我个人经验来讲,我觉得为什么这种证券虚假陈述类的案件频发,我的一个观点就是它是非典型性的一种调解案件。为什么呢?因为一般来说,比较容易发挥调解机制功能的案件通常有以下两个特点(我个人觉得)。

第一,它有非规则性。就是说这种案件的处理不需要去树立规则,如像离婚、婚嫁家庭继承类的案件。双方当事人更关心的是个案纠纷的解决,不一定非要法官或者调解组织去确立一个对社会具有普适性的规则,我只要我的纠纷能解决就可以。

第二,具有非群体性。我就是一个个案纠纷,我解决完我的就好了,不需要影响别人。

而证券虚假陈述类案件的特点刚好是反过来的。第一,它具有规则性。大部分的当事人,特别是上市公司需要司法去确立一个规则,包括市场也期待我们的法院在每一个案件当中,特别是在我们的司法标准还不是很统一的这种现状下能够确立规则。所以,这样的案件具有非常强烈的规则性。

第二,它具有群体性。这就不用说了,因为其都是涉及几百甚至上千、上万的。而在这种群体性的案件当中,往往有一个特点,如果我们有同事接触过征地拆迁类案件就知道,征地拆迁的案件往往非常难以个案调解的原因就是因为调完了这个人的,还有别人怎么办的问题。所以证券虚假陈述也有类似的情况,就是它需要有整个赔付方案的统一性,这就决定了如果我们要在证券虚假类案件中进行调解,可能就和我们一般的调解案件的思路有所差别。我个人提出一个不成熟的想法的核心,就是我认为在证券虚假陈述案件当中,调解组织可能不可避免地需要扮演或者具备多重功能。

这些功能包括需要给法院提供专业的支持,需要进行调解,甚至可能需要扮演一些赔偿方案的执行者这样一种角色。也就是说,调解组织的职责需要呈现出一种多层次性,但是我个人觉得,目前我们的调解组织可能还不能完全适应这种需求。

第一,在目前来说,证券虚假类案件示范判决仍然必不可少,这是由于它的规则性决定了法院一定要作出一个示范判决才能够得到当事人的认同,在这种条件下,调解组织有必要去参与到示范判决,也就是为法院提供专业的支持,包括法律咨询的意见和损失计算的测定。

当然,在这里我想再多说一点就是,目前从最高人民法院也好,很多地方法院也好,都特别希望这种第三方组织能够扮演类似于一种鉴定机构的角色,但是我个人觉得,在证券虚假类陈述案件当中,包括像系统风险的测定,包括像因果关系的认定等,这些并不是可以鉴定的事项。

第三方组织机构,无论是专业机构,还是调解机构,其能够出具的只是一种专业的咨询意见,而不能是一种鉴定意见。因为这些问题不是一个黑与白、是与非的问题,它包含着大量的法律判断和认定,所以在这个过程当中,不是通过一个第三方机构出具一个意见法院就可以采纳,就可以实现目标的,当然在这个过程中,调解组织可以和法院进行这样一种合作来提供专业的咨询的支持。

第二,我想调解组织需要提供的专业支持是一种多层次性的,包括在前端的示范判决,提供了专业咨询的意见;包括在事中,就每一个个案当事人的损失提供损失计算,甚至可能在法院裁判的过程当中还要为法院提供的整个整体赔付规模的支持。为什么提供这种支持呢?也是为了考虑法院在整个案件中,对于整个案件裁判之后的效果有一个初步的把握,这些可能都是需要调解组织去做的,而不仅仅是在案件裁判之后去做调解。

第三,也是我个人提出的一点不成熟的想法,我想可能在证券虚假陈述案件当中,需要探索、制定或者开创这种统一的调解方案。我们现在调解之所以很难,就是因为双方当事人对于很多未来的调解赔付的结果不具有可预期性。今天来的当事人怎么赔,明天来的当事人怎么赔,明年来的当事人怎么赔,都没有任何可预期性,上市公司也没有可预期性,它不知道自己到底要赔多少钱。以前我曾参加过征地拆迁类型的纠纷解决,我的一个经验就是,在这种群体性的案件中,统一、明确、可预期的赔偿和补偿方案的确定,对于整个纠纷的解决具有至关重要的作用,而在我们证券虚假类陈述案件当中,目前还缺少这种方案。我们还是在时间推移的过程当中不断地调整变化,所以我想可能需要调解组织参与到(和法院一道,包括和当事人一道)统一的调解方案的工作当中。

这个调解方案不是“一刀切”的,它可能需要针对不同的当事人赔付的金额,不同的赔偿时间提出一种阶段性的赔偿方法。

这个调解方案也需要和法院的裁判结果形成一种差异化的补充关系。如果当事人能够接受这个调解,他就可以很快拿到赔偿金;如果他希望能够更多的甚至全额地拿到赔偿款,可能就要付出一些时间上的成本,甚至需要付出诉讼上的成本,甚至还需要等待着进入强制执行程序才能获得救济,如此一来,就能使双方当事人对于自己利益的平衡点更容易把握。

我想可能这样一种统一调解方案的尝试,会有助于我们现在这种大规模的群体性纠纷的解决。

另外,我想在这个过程当中,调解组织还需要进一步地扮演后续赔偿金的管理之类的一些职能,我们公司现在也在探索共管账户这样一种模式,就是我们和上市公司设立一个共管的账户来进行赔付。这样一种赔付的模式应该说是取得了比较好的效果,目前也已被北京市高级人民法院和上海金融法院的相关司法规范性意见所吸收了。我们想可能这样一种模式还会继续发展和创新,比如,其可能会成为赔偿金管理的模式。这样一些纠纷以后就不需要再到法院,而是直接到一个委托的调解机构,直接按照既定的调解方案来进行管理,我想这样可能有助于来化解法院现在所面临的时间长、诉讼量大的压力。

当然,这些只是我个人一些不成熟的想法,还请大家批评指正。我想证券虚假陈述案件中的调解可能还是不同于一般的纠纷解决方式,必然需要我们探索出具有针对性的多元化解纠纷机制。

我想这方面可能还需要监管部门、司法机关和调解组织进一步深入研究，务实、理性地开展相应的探索和创新。中国证券投资者保护基金有限责任公司也将进一步发挥自身的数据、专业团队的优势，努力做好纠纷化解工作，为投资者保护工作作出更大的贡献。谢谢大家！

迎难而上　担当作为

——基金业协会纠纷调解工作情况及经验做法

贺国琪*

2018 年下半年以来，受市场内外部环境变化影响，私募基金资管行业遇到了一定困难。作为行业自律组织，尤其是作为承担投诉接待受理、纠纷调解化解的部门，我们最直接的感触有以下几点。

一是纠纷事件总量大幅上升。2018 年至 2019 年 6 月，中国证券投资基金业协会共受理纠纷投诉事项 4727 件，其中，2018 年全年受理 1542 件，同比增长 58%，2019 年上半年受理 3185 件，同比增长 107%。其中 97% 为私募基金类投诉，大幅增长的纠纷事项，不断冲击和考验着协会投诉受理和处理能力。

二是涉众型的纠纷事项大幅增加。2019 年上半年现场来访共 239 起，同比增长 177.91%，累计接待投资者 790 人次，同比增长 489.55%。其中，群体性上访 35 起，同比增长 1066.67%，超过 20 人的大型群体性上访 10 起，协会面临的压力不断增大。

三是纠纷事项的复杂程度增高。从过去的"一对一"投诉、单一性的投资纠纷，到当前同一控制人下多个管理人多个基金产品集中违约，引发的大量投资者群体性纠纷；从过去投资者与管理人之间的投资纠纷，到当前涉及投资者与销售机构、托管机构、证券基金资管计划管理人、私募基金管理人、外包服务机构等一系列相关机构之间的纠纷事项，纠纷事项复杂程度增加考验着调解工作人员的专业能力和创新能力。

面对上述情况，协会坚持人民立场，以保护投资者合法权益作为投诉调解工作的根本出发点，采取多项措施，切实提高投资者的获得感。

首先，优化投诉办理流程，丰富自律管理手段。在投诉现场接待环节，协会在

---

* 中国证券投资基金业协会法律部高级主管。

2019年年初已经建立投诉接待轮值制度，安排私募部、资管部等业务部门干部定期到投诉接待一线工作，有效缓解了现场投诉接待能力不足的问题，接待专业性也有了较大提高；在投诉材料受理环节，协会总结投诉办理经验，近期将统一投诉受理网页入口，进一步明确投诉材料所需内容和条件，提高投诉受理材料质量，增强了投诉便捷性和有效性。

同时，在投诉办理过程中，协会将执法查询、投诉举报、舆情监测、日常监测等发现的风险信息综合利用，构建投诉事件线索库和投诉风险指标体系，自动将高风险投诉事件列入自律核查范围，并建立持续督导制度进一步丰富协会自律管理工具箱，提升协会整体自律管理水平和投诉办理实效。

其次，拓宽投诉解决渠道，形成投诉调解工作合力。协会过往办理投诉，以被动依赖机构响应投资者诉求为主，为了切实增强投诉办理实效，协会采取两项措施积极拓宽投诉解决渠道。一是抓实调解工作，积极与北京、杭州等地仲裁机关、调解组织等建立合作联系，通过专业调解、法律援助、诉调对接等方式，引入外部专业有力力量，提升纠纷事项办理实效；二是协会正在积极制定律师事务所入会办法，引导优秀头部律师事务所积极加入协会，充分发挥律师事务所在协会自律管理中的积极作用，在纠纷投诉处理工作中引入专业法律力量。

2018年以来，协会累计完成各项调解工作68件，达成调解金额3.81亿元，有力地保护了投资者合法权益和首都地区维稳环境。但我们也深知协会目前调解工作能力还不能完全应对当前基金投诉纠纷现状提出的巨大挑战，还不能够满足投资者化解纠纷的强烈诉求。下一步，中国证券投资基金业协会将按照“不忘初心、牢记使命”主题教育活动和中国证监会领导提出的要求，积极与会内兄弟单位加强合作，尤其是进一步深化与投服中心加强基金领域纠纷调解合作，力求形成合力，切实保护好投资者合法权益。

如何发挥证券期货全国性调解组织的作用

范雪飞*

非常感谢主办单位给我提供了这样一个机会，来谈一谈我对全国性调解组织的

* 中证中小投资者服务中心兼职调解员、法学博士、西南政法大学副教授。

一个认识,我主要谈三个方面的问题。

第一个方面,是否有必要建立证券期货行业的全国性调解组织?

根据我的观察和思考,以及从今天论坛各位嘉宾的发言来看,我们证券期货行业急需建立一个全国性、公司型的调解组织。从我了解到的情况以及各位嘉宾介绍的情况来看,我发现我们具有证券期货行业调解功能和职能的机构比较多。那么,我们是不是有必要将这些调解组织整合起来,建立一个证券期货行业的全国性调解组织?

我认为这是很有必要的。理由有以下四点:第一,如果我们把证券期货行业具有调解功能的组织整合在一起,然后确立相应的调解程序、调解规则,那么我们调解的公正性、权威性、专业性、时效性、效率性等都可以得到极大提高。第二,可以让诉调能够更好地对接,让调解组织这一个口子与人民法院进行对接,可以使诉调对接更为高效、有力、有序。第三,把证券期货行业中具有调解功能和职能的机构整合在一个机构里面,可以节省大量社会资源成本,也可以避免调解组织小而散的各种弊病,让证券期货调解工作更高效地开展起来,也有利于证券期货行业的良性发展。第四,建立一个证券期货行业的全国性调解组织也可以在比较法上找到依据。我大致考察了一下资本市场发达国家的情况,他们都有跟我们全国性的调解组织极为相似的组织和机制。

第二个方面,如何建立证券期货行业的全国性调解组织?

我认为要做好如下两项工作。

第一,健全证券期货行业全国性调解组织的内部机制。这个内部机制怎么来健全?我认为有这样两点:(1)对证券期货行业全国性调解组织进行法人化的构造。我们可以借鉴英国和澳大利亚的做法,把证券期货行业中具有调解职能的组织、机构以及人员整合起来成立一个公益性的有限责任公司。同时中国证监会也可以将行政调解的相关工作委托给该调解组织。为什么要将中国证监会的职能也整合进来呢?是因为中国证监会的编制及其工作内容非常繁杂多样,所以证券期货行业的行政调解工作,其实中国证监会是很难做好的。而行政调解和我们的专业组织调解在性质上虽然不一样,但是其法律效果没有什么本质区别,因为如果将它的行政调解职能整合进我们的全国性调解组织,那我们的调解组织将会更为规范,而且更高效。(2)内部机制健全的第二点就是内部治理结构。除在总部法人治理结构层面建立健全权力机构、执行机构、监督机构及其运行机制外,还有一个很重要的就是我们要理顺总部与分支机构之间的关系,建立健全分支机构的运行机制。比如,该调解组织到各个省,或者是各个证监局,或者是中国证券基金业协会下面去设立一个分中心,那这样的一个机制是不是可行?或者说,这些机构怎样和总部进行连接,怎样进行协调沟通?

第二,我们如果设立了这样一个有限责任公司,对其进行了法人化的改造,那我们接下来的问题就是运行程序机制的设计问题。在我看来,这无外乎涉及如下三个阶段的问题。

一是这个调解案件从何而来。我们一般可以看到调解案件的来源,主要来源于两点,一是当事人自动找到调解组织来给他调解,二是来源于法院的委派调解或者是委托调解。

二是案源来了,我们调解组织怎样进行调解?调解组织的组成,比如,调解庭或者调解室由哪些人员来进行组成,调解员怎样选拔,怎样对他们进行监督?完成调解之后要进行司法确认或者是仲裁确认,为什么在司法确认之外还要强调仲裁确认呢?这是因为有一些案件有涉外的因素,比如,这个调解协议有涉外的因素,被告或者是被申请人要承担最终责任,如果他在境外有资产而在境内又没有什么资产,那么此时若我们采用仲裁确认,可能在对外效力上会更高一点。因为根据国际的仲裁相互承认的相关公约,我们作出的仲裁裁决,当事人可以申请国外承认和执行。如果是司法确认,则这个调解协议可能在国外进行执行的时候,还会有一定的障碍和难度。

三是队伍的建设。我们建立了全国性的调解组织,我们的人员是怎么来进行遴选,怎样来进行监督、淘汰等的相应机制又如何建立呢?我认为要强调我们的证券期货行业全国性的调解组织,要在内部挖掘、"练内功",主要做到这样几个方面。

第三个方面,如何才能让证券期货行业全国性调解组织高效地运作起来?

我认为这需要理顺证券期货行业全国性调解组织与中国证监会、人民法院以及与证券期货机构之间的关系。

首先,如果我们将来真的建立了一个全国性的调解组织,那么我们的全国性调解组织可以接受证券期货机构的委托,对于它的业务流程,对于它的法律文本可以事先进行审查,将可能的纠纷事先预防住。比如,适当性审查或者是工作流程、格式条款的设置等方面,由我们的调解机构来进行初步审查,应当可以在很大程度上大幅度降低或者预防潜在的纠纷风险。

其次,如果我们将来真的发生纠纷了,那证监会和调解机构究竟是一个什么关系?我前面已经说了,证监会的行政调解的职能纳入了我们的调解组织之后,证监会可能就需要指定纠纷解决方式。其就可以指定我们这个调解组织作为纠纷的主要解决渠道。只有当案件纠纷在这个渠道解决不了的时候,才能进入诉讼程序。即使进入了诉讼程序,也可以通过人民法院的委派调解或者委托调解来由调解机构解决这一纠纷。

再次,要做好和法院之间的诉调对接。诉调对接做得好的地方当然很多,但是我这里只说做得不太好的、需要改进和完善的地方。第一个需要改进的地方是,委托调解了之后,承办该案的法官就不应该再去接受当事人的约见了。如果承办案件的法官再去接受当事人的约见,那这个案件十有八九调解不成,调解员的工作基本上都是徒劳的。第二个需要改进的地方是,在委托调解失败的情况下,是否意味着调解员的工作就完全没有意义了?我认为不是的。即使是调解失败而进入诉讼程序的案件,在调解中所形成的有价值的一些证据和信息还是可供我们法官使用的。比如,在调解过程当中,双方当事人都认可的并记录在案的一些证据,我们完全可以作为法官认定事实的依据。此外,调解员在调解过程中所收集的类案、比较法的一些资料等,这些信息也完全可以供法官使用。第三个需要改进的地方是,在没有经过调解而直接进入诉讼程序的案件中,我们的调解员一般都是与该案没有任何利害关系的、具有相关专门知识的人员,人民法院在选拔、遴选专家证人或者选拔陪审员的时候是否也可以充分考虑他们。

最后,如果我们建立了证券期货行业的全国性调解组织,则我们必须强化其公正性和权威性。这个组织本身必须要非常公正、高效,但是另一方面,该组织也能对证券期货机构产生有一定的软约束。全国性调解组织对证券期货机构产生一定软约束,这是什么意思呢?就是调解组织所形成的调解结论,相应的机构就应该是毫不迟延地履行此一协议,让申请人可以感受到这个调解组织的调解协议不是一张白纸,申请人完全不用担心会有证券期货机构不履行调解协议的问题。如何才能实现调解组织对证券期货机构的软约束呢?有嘉宾谈到资本赔付问题时提出了由第三方机构来监管赔付资金的问题,我认为完全可以把这项资金监管工作交给证券期货全国性调解组织来做。

以上就是我对于如何发挥证券期货全国性调解组织的作用提出的一些不太成熟的个人看法,请大家批评指正,非常感谢大家!

证券期货经营机构运用多元化解机制的实践及对成立全国调解中心的建议

夏锦良*

各位领导、各位嘉宾，下午好！今天向各位汇报的是我们兴业证券在证券纠纷多元化解机制当中实践的一些体会和认知。我司在多元化解机制中，参与了“欣泰电气”的先行赔付，也参与了投服中心相关案件的调解，并跟投服中心签订了有关小额速调的相关授权协议，希望通过这次论坛能够推动证券期货行业多元化解机制的运作更加有效。

一、证券期货纠纷多元化解机制是证券期货经营机构妥善处理与投资者纠纷的内在需求

（一）多元化解机制以保障投资者利益为宗旨，券商同样受益其中

证券期货纠纷多元化解机制的落脚点是投资者保护，其实也符合证券经营服务机构的本质和长远利益，二者是完全契合的。中小投资者利益保护得好，资本市场才能活跃起来，券商才能“如鱼得水”。有持续竞争力的证券经营服务机构，应当不忘“保护投资者、实现客户利益”的初心，始终以服务投资者为使命，才能实现公司的长远发展。

（二）多元化解机制能有效弥补传统纠纷解决方式的不足，妥善高效地解决证券纠纷

证券期货纠纷具有涉众性强，但分散度高、经济利益关联性大、专业性很强的特点，并需要快速解决、及时稳定市场预期。传统的仲裁或者诉讼方式，程序严谨、具有司法强制力，但客观上也存在时效性较差、诉累较大的缺陷。还有投资者干脆不选择诉讼，采用投诉信访的方式进行维权，纠纷因此无法得到理性解决，行政监管压力被动增加。

面对证券期货纠纷的上述特点，证券期货纠纷多元化解机制恰恰具有专业性强、权威度高、便捷高效、成本低廉、包容度高的特点，可以有效弥补传统方式补足。在多

---

* 兴业证券股份有限公司副总裁。

元化解过程中,减少对抗、疏导情绪,特别是对群体性事件有良好的化解效果,降低诉累,让投资者及券商均能省时省力地实现纠纷的快速解决。在实际的客户纠纷中,券商面对的投资者是多重多样的,内在地也需要多元化解机制,与仲裁、诉讼等传统纠纷解决手段一道提供给不同的投资者选择。尤其是调裁结合的司法确认制度,赋予了调解协议的司法强制力,很好地起到了定分止争的效果。

(三)多元化解机制可以让机构深度参与,发现自身存在的不足

多元化解机制,不同于仲裁诉讼的一点是,它不仅单纯地围绕法律事实和法律后果进行对决,而是在纠纷调解的过程中,在专业权威的调解机构的组织下,让机构和投资者客户深度参与,进行良好有效的互动沟通。这个过程将矛盾关口前移,有利于证券经营服务机构了解客户需求,发现自身在客户服务、合规经营上存在的问题,早发现、早解决,从而防止经营机构的合规法律风险集聚,维护投资者对公司的信心和公司声誉。

二、证券期货经营机构运用多元化解机制的现状及特点

(一)兴业证券自身的实践案例

兴业证券坚决支持证券期货纠纷多元化解机制的建立和完善,以主动、开放、负责的态度,积极运用证券期货纠纷多元化解机制,化解与投资者的纠纷,收到非常好的成效。

一是欣泰电气欺诈发行先行赔付工作。本次赔付案例是我国资本市场因上市公司欺诈发行退市,保荐机构先行赔付投资者损失的首次尝试,对推进证券期货纠纷多元化解机制试点工作有重要意义,在2018年11月入选为证券期货纠纷多元化解十大典型案例的首个案例。在法院系统和监管部门的支持下,在先行赔付工作协调小组成员单位和广大证券公司的共同努力下,此次先行赔付工作进展顺利,通过主动和解的方式化解了经营机构及发行主体与众多投资者之间的矛盾纠纷,促进了欣泰电气公司的平稳退市,促使相关责任主体吸取教训,规范经营管理,提升合规意识和风控水平,没有因第一单上市公司欺诈发行退市引发社会矛盾,维护了资本市场和社会的和谐稳定。兴业证券的赔付工作得到先行赔付协调小组成员单位及证监会系统有关部门的认可和社会舆论、专家学者的好评。

二是投服中介支持的融资融券纠纷调解案例。2017年我司与客户高某的融资融

券平仓纠纷中,在对方提出的诉求明显超出合法合理范围、和解工作僵持不下之际,我们得到投服中心的大力支持,投服中心派出专业的工作人员,并协调安徽当地既资深又热心的律师主持推进调解工作,推进了沟通开端。最终在投服中心本部,依托在证券期货纠纷处置方面的专业性和权威性,我司与客户纠纷最终得以消弭,并向有关法院对调解协议申请了司法确认,赋予了法律保障。整个过程中,投服中心不偏不倚、专业公道、认真负责,并具有高超的主导纠纷解决的智慧与经验,对纠纷的良好化解起到了至关重要的作用。

(二)对证券期货经营机构多元化解机制的现状及特点的观察

1. 多元化解机制从试点到成熟,运用日趋广泛

证券期货纠纷,经过多元化解机制的试点和推动,已从最初单纯的以诉讼为主、调解、仲裁为辅,发展为诉讼、调解、仲裁、和解各成体系又相互配合的局面,极大提升了当事人选择的多样性,促进了纠纷的快速解决。受益于多元化解机制一大重点亮点"司法确认赋予调解协议的司法强制力",实践中还产生了"和调对接"模式,即对经证券公司与客户已达成和解意向、和解协议的纠纷,证券公司也积极向调解组织申请调解,以申请司法确认,获得强制力保障。

2. 解决纠纷坚持在法律框架下,集原则性和灵活性为一体

证券期货纠纷多元化解机制是在法律规定范围内发展非诉讼解决机制,在证券期货纠纷的解决过程中,首先应当坚持合法性的基本原则。与此同时,行业的惯例、当事人具体情况、服务具体过程也需要进行考量,最终实现在合法基础上的公道合理。这种坚持原则性、把握灵活性的特点,在中国证监会、最高人民法院联合公布的《十大典型案例》中均有体现,首先是调解员对佣金调整、投资范围变更、交易系统故障等受理纠纷,均在梳理好纠纷事实后,进行系统的法律分析,明确适用法规,参考司法判例,厘定各方责任。有的案件还引入专家人,由专业律师发表分析意见。这就定好了处理纠纷的基本法理框架。同时,充分把握调解与诉讼的不同,调解本质上第三方组织的和解行为,非法律上的因素也纳入了责任考量,如"证券公司没有因监管规则变化改变投资范围,未书面通知客户"的瑕疵、"佣金调整未向客户提供回执单,未与客户主动确认调整结果"等。这种多因素考量的做法,有效缓和了对立情绪,引导达成各方共识,从而实现纠纷的顺利解决。

3. 注重纠纷的解决过程本身和当事人的参与度,发挥教育功能

证券期货纠纷多元化解决机制除了结果本身,其本身就具有非常的程序意义,不

仅强调解决结果的公正合理,而且强调解决过程对当事人内心公平价值的影响以及对双方关系的维护。在这一过程中,双反由对抗走向协商,充分表达、认真倾听,在法治下平衡各方利益,顺利实现纠纷的圆满解决。在这个沟通协商的过程中,其实也是对证券期货经营机构的纠偏,也是一场生动的投资者教育。要求机构在合法合规要求的底线上,对客户服务、执业行为提出更高的要求,进一步强化"以客户为中心"理念,从制度、流程设计等各环节不断完善服务,不断提升客户满意度,从根本上减少此类纠纷的发生。

三、证券期货纠纷中多元化解实务中存在的问题

(一)投资者主动申请调解的很少,以投诉转调解或证券公司申请调解的为主

目前证券期货纠纷的多元化解实务中,由中小投资者主动申请调解的案件数较少,一般投诉信访到相关部门后,转调解处理或在诉讼过程中,法院转委托调解组织进行调解。不少是有证券公司主动与投资者和解后,再由调解组织予以见证确认及申请司法确认。这一方面反映了当前多元化解机制的宣传力度不足、覆盖面不够广,投资者还未能充分了解各种调解组织及申请调解渠道。另一方面,也有投资者在证券期货的纠纷处理上存在一定的不理性,过度依赖投诉或信访,需要进行合理的引导。

(二)调解组织相互之间融合不够

当前我国证券市场已经形成了多元化纠纷调解的局面,各家证券期货调解组织,在推进多元调解上都发挥出自己的优势和作用,呈现出不同的特点。组织并存、模式多样,但相互之间缺乏良好的协作,可能造成调解资源的重复投入,没有形成资源共享。尤其是在群体性纠纷的多元化解中,这一缺陷就更加明显。我个人负责的欣泰电气先行赔付工作过程中,在制定先行赔付方案过程中,本次赔付将调解程序纳入先行赔付方案中,但面对调解组织的多样化,就产生多困惑,最终确定向中国证券业协会、投服中心申请调解。

(三)在线调解的开发、建设不足

在线纠纷解决机制,是符合"互联网+"思维、高效、便捷、现代的纠纷处理方式,让投资者足不出户就能享受到专业的调解服务。目前,证券期货类纠纷的专业线上调解平台还没有,有必要建设涵盖咨询、评估、调解及司法环节对接等方面全覆盖的

“一站式”调解平台,实现各类纠纷解决方式线上线下的融合贯通和有效衔接。

四、成立全国调解中心必要性及建议

(一)证券法立法引入调解机制,需要配套成立全国调解中心

本次《证券法》修订草案三审稿在法律层面引入了调解机制,是多元化解机制的重大成果,也将为其建设运用,提供更强大的法律保障。其第 104 条规定:投资者与发行人、证券公司等发生纠纷的,双方可以向国家设立的投资者保护机构申请调解。实践中调解组织有多家,法条中所指“国家设立的投资者保护机构”目前还并未明确。如该调解机构不唯一,则可能在投资者、证券公司向不同的投资者保护机构申请调解时产生冲突,或者是同一类型的系列案件的投资者向不同调解组织申请调解造成的协调及重复耗费,以及投资者在一个调解组织提出调解请求后,又向其他调解组织再申请调解等问题。将“国家设立的投资者保护机构”的职能交由统一的全国调解中心承担,则可以较好地避免上述冲突,理顺关系,保障调解工作有序运转。

(二)升级打造调解工作格局,需要以全国调解中心为引领

通过全国证券期货纠纷调解中心,可以对涉及调解的各种调解组织进行优化重组和整体布局,逐步形成统一管理、分层科学、协同高效、运转顺畅的机制和程序。以全国调解中心为前台,而后在具体根据行业、地域等因素,依托各地的调解组织、调解员,进行案件的分流及协同,从而最大化发挥全国证券期货调解组织的力量。

此外,通过建设统一的全国调解中心,形成证券期货纠纷调解的牵引龙头,有助于集中资源对调解工作进行全面升级,提升影响力。例如,以全国调解中心为平台,统一端口,对接投诉、仲裁和诉讼,则能实现系统与系统之间的无缝连接,避免分散式操作下由每家法院、仲裁等机构去一一推动。在线调解的建设问题,也需要通过全国调解中心来推动解决,它需要投入大量的精力、物力和技术力量,只有依托统一的平台,才能集中资源进行建设、维护及运用。在宣传、人员培训上等各方面,通过全国调解中心的平台,也能更好地进行硬件、软件的建设,加大宣传、加大培训、吸收更多的法官、律师专业人士加入到调解工作中。

总之,证券期货期货纠纷化解机制,是最高人民法院、中国证监会协调联动、积极

努力开创的纠纷解决工作的新局面,是畅通投资者诉求表达和权利救济、夯实资本市场基础制度和保护投资者合法权益的重要举措。作为证券期货经营主体,应积极配合多元化解纠纷,将解决投资者纠纷作为改进内部管理、提高服务水平和市场竞争力的重要手段,深入支持和参与到证券期货纠纷多元化解的各项工作。

资本市场群体性纠纷化解的实证分析

姜　皓*

据不完全统计,2016 年 1 月至 2019 年 6 月,资本市场各调解组织共受理纠纷 10,144 件,纠纷金额约 110.04 亿元,成功调解 7434 件,投资者获赔金额约 58.14 亿元,调解成功率为 73.28%。而同期投服中心受理纠纷 6881 件,纠纷金额为 55.25 亿元,成功调解 4887 件,投资者获赔金额 10.01 亿元,调解成功率为 71.02%。通过全市场和投服中心纠纷调解的数据对比,我们可以发现,投服中心的纠纷调解数量已经占了全市场的 67.83%,成功调解纠纷占比达到 65.73%。不难看出,投服中心已成为资本市场纠纷调解的主渠道。因此,我们以投服中心的调解数据为基础进行分析研究,以期为资本市场纠纷化解提供借鉴参考。

对投服中心自 2016 年 1 月至 2019 年 6 月的调解数据分析发现,登记的 9074 件纠纷中,4197 件涉及群体性纠纷,占比接近 50%;总纠纷金额 55.25 亿元,群体性纠纷金额 40.43 亿元,占比达 73.18%,可见群体性纠纷是资本市场纠纷的主要矛盾,抓住了群体性纠纷就抓住了资本市场纠纷解决的"牛鼻子"。

我们以投服中心调解实践为基础,对群体性纠纷化解的现状特点、存在的问题进行实证分析,并提出了相关对策建议,下面我择其主要和大家作一个分享,欢迎大家批评指正。

一、群体性纠纷的现状和特点

(一)投资者人数和纠纷金额占比高

群体性纠纷共涉及 4197 名投资者,占总登记投资者人数的比重为 46%(见表 1);

* 中证中小投资者服务中心纠纷调解部总监。

纠纷金额40.33亿元,占比达73%(见图2)。如此庞大的投资者人数和纠纷金额,只涉及75家上市公司、私募机构、证券公司及新三板公司。由此可见,群体性纠纷虽然涉案机构数量少,但涉及投资者众多、纠纷金额巨大。

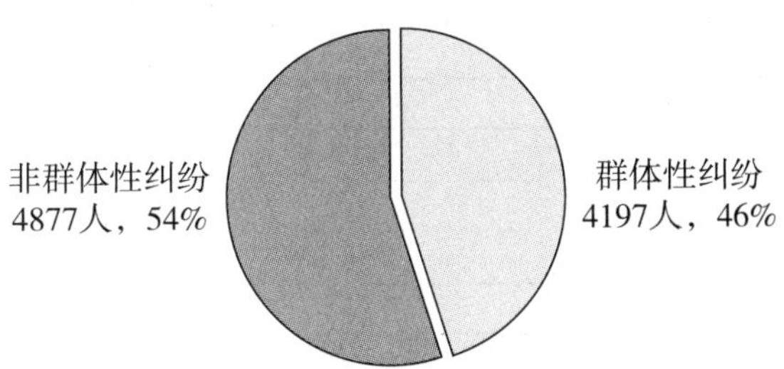

图1　群体性纠纷投资者人数占比

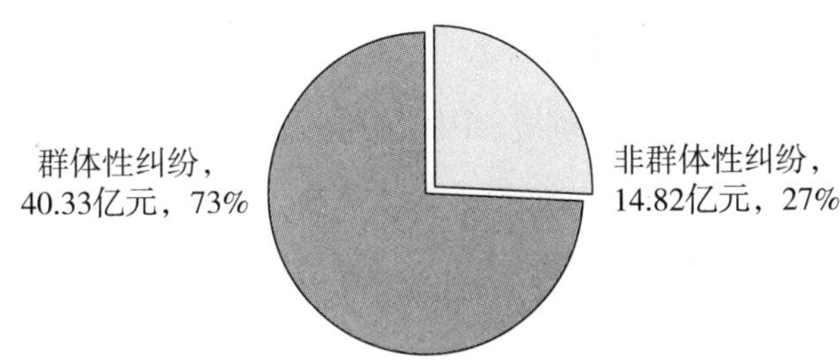

图2　群体性纠纷金额占比

表1　总纠纷金额和群体性纠纷金额年度统计

年度	总纠纷金额(亿元)	群体性纠纷金额(亿元)	占比
2016年	1.87	0.55	29%
2017年	15.66	5.33	34%
2018年	35.07	32.90	94%
2019年1~6月	2.65	1.65	62%
总计	55.25	40.43	73%

(二)地域分布比较集中

从地域上来看,群体性纠纷地域分布较为集中,与投资者人数、经营机构和上市公司数量等呈高度正相关(见图3)。经济发达地区上市公司、私募基金基数大,容易引发群体性纠纷。从数据上来看,上海投资者数量最多,达832人,江苏696人、浙江435人、北京428人。

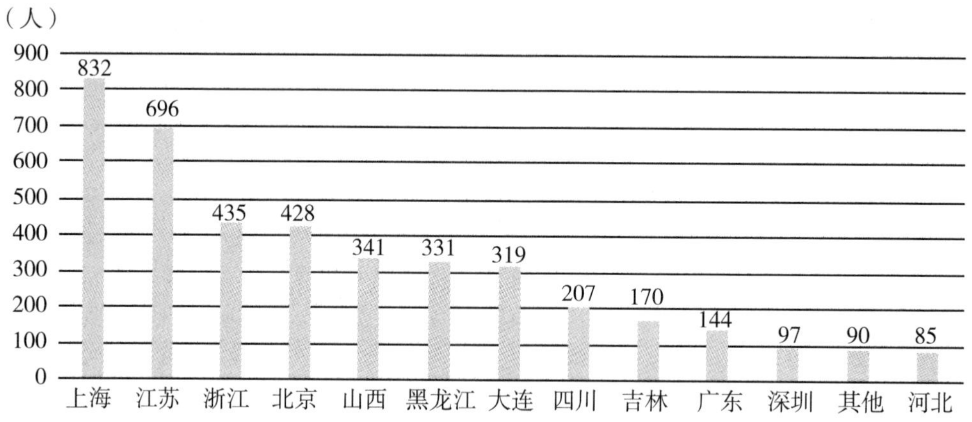

图3 群体性纠纷投资者人数地域分布

(三)案件绝大部分来源于外部转办

从案件来源来看,法院、股转系统、中国证券投资基金业协会、"12386"热线等转办案件数量占比达87%(见图4),充分凸显了投服中心同各单位多元对接机制的作用。由于虚假陈述案件是群体性纠纷最主要的纠纷类型,法院转办亦成为最主要的案件来源渠道,占比达68%。

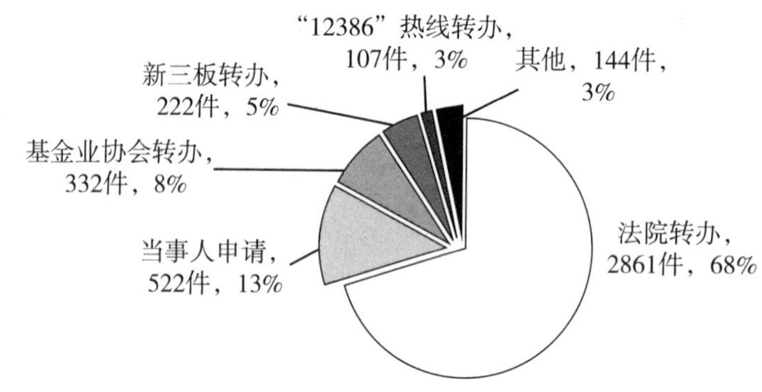

图4 群体性纠纷案件来源统计

(四)调解难度大、耗时长

通过对比分析,群体性纠纷普遍存在机构调解意愿低,调解难度大、耗时长,机构赔偿金额大等特点。统计期间内,群体性纠纷机构不同意调解的比例达43%,非群体性纠纷机构仅为12%(见图5、图6);群体性纠纷调解成功率62%,非群体性纠纷调解成功率为84%(见图7、图8);群体性纠纷中平均每件案件调解耗时多达128天,而非群体性纠纷的案件在双方选定调解员后一般在30天内能结案。从赔偿金额来看,每年半数以上的赔偿金额来自群体性纠纷(见表2);调解成功的案件中,35家机构共赔偿5.61亿元,平均每家机构赔偿1603万元。

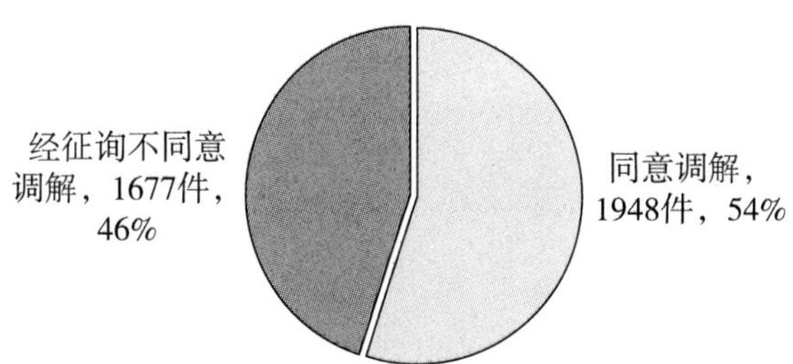

图5 群体性纠纷受理情况分析

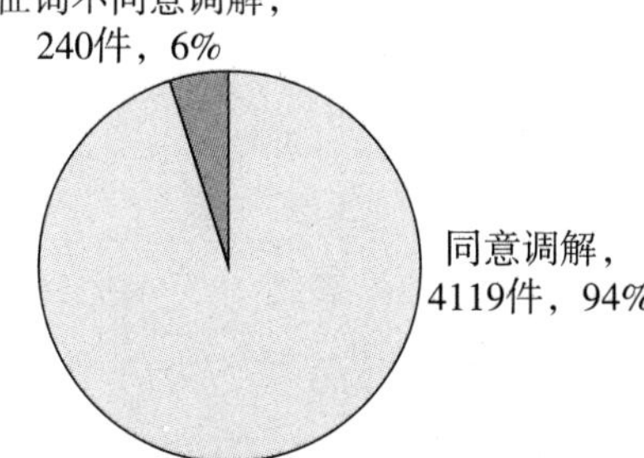

图6 非群体性纠纷受理情况分析

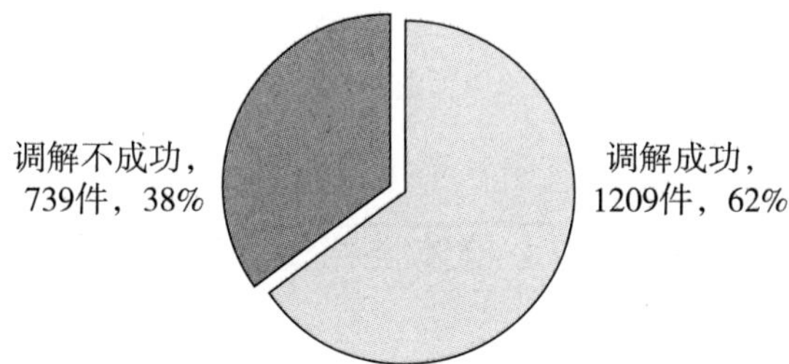

图7 群体性纠纷调解完结情况分析

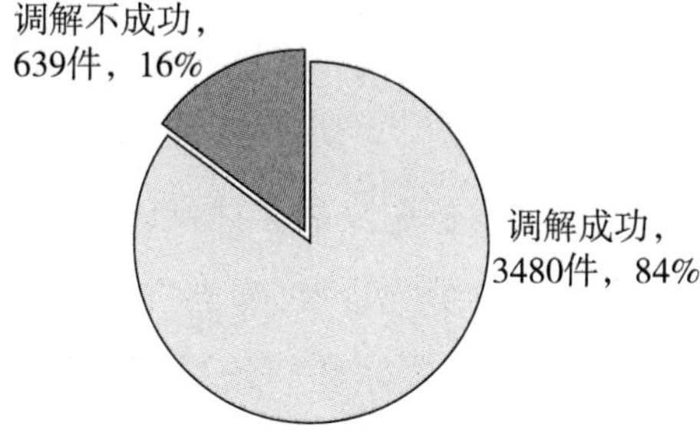

图8 非群体性纠纷调解完结情况分析

表2 赔偿金额年度统计

年度	总赔偿金额(亿元)	群体性纠纷的赔偿金额(亿元)	占比
2016年	0.22	0.11	50%
2017年	2.6	1.8	69%
2018年	5.4	2.8	52%
2019年1~6月	1.6	0.9	56%
总计	9.82	5.61	57%

(五)案件敏感性高、社会关注度与影响力大

投服中心受理的群体性纠纷,基本都是经过信访、投诉及诉讼的,有的甚至出现维稳事件。这些案件敏感性高,社会关注度与影响力都很大。投服中心成功调解了62%的群体性纠纷,帮助1209名投资者拿到了5.6亿元的真金白银,有效地维护了投资者的合法权益,减轻了监管、信访和法院等单位的工作压力,促进了社会的和谐稳定。

调解成功率	投资者人数	获赔金额
·62%	·1209名	·5.6亿元

图9

二、投服中心群体性纠纷调解的实践

(一)专业的调解员队伍

建立专业权威的调解员队伍。投服中心共聘请退休法官、监管系统专业人士、仲裁员、资深律师、高校教授等440多名兼职调解员和60余名专职调解员,形成了覆盖全国、全市场、全领域的专家调解员库。并从中挑选60名调解员专门从事群体性纠纷化解工作,为群体性纠纷化解提供了充足的人才保障。

以专门人做专门事,对群体性纠纷的难点、痛点进行专门研究。针对上市公司虚假陈述、私募理财、新三板股权等常见群体性纠纷类型,投服中心还分别成立专职调解员小组,对投资者适当性认定、举证责任分配、投资者损失计算与机构方过错的因果关系认定等复杂问题开展专门研究,通过专业调解不断赢得机构和投资者的信任。

(二)覆盖全国的纠纷调解网络

证券期货群体性纠纷投资者人数多、地域分布广,投服中心在各地证监局的大力支持下,通过与辖区所在地的行业协会及纠纷调解中心开展合作,目前已在全国35

个辖区建立了证券期货纠纷调解工作站,形成了覆盖全国的纠纷调解网络。

对于群体性纠纷,投服中心不仅能够属地受理,还能对全国调解工作站进行统筹协调,实现跨区域调解,为全国中小投资者提供了"家门口"的群体性纠纷化解服务。

(三)广泛的诉调对接合作

投服中心大力开展与法院的诉调对接工作。截至目前,投服中心已经与北京、上海、广东等33个辖区、37家中高级人民法院建立了诉调对接机制,纳入法院特邀调解组织名册。在人民法院的大力支持下,投服中心充分落实诉调对接机制化解群体性纠纷。截至目前,共接受法院委托、委派调解的案件1686件,占全市场的85.20%,调解成功743件,为投资者追回损失4700余万元。诉调对接合作模式主要有以下三种:一是直接委派委托调解,法院针对该批案件尚未形成有效判决,直接委派委托调解组织进行调解,这类调解一般难度较大。二是"先行判决+调解",法院选择有代表性的纠纷先行判决,通过判决明示法律规则,统一法律适用,为后续群体性纠纷调解树立标杆,这也是诉调对接的常见模式,能有效减轻法院审判压力。三是"示范判决+调解",人民法院可选取在事实认定、法律适用上具有代表性的若干个案作为示范案件进行审理并及时作出判决。通过示范判决所确立的事实认定和法律适用标准,引导其他当事人通过调解解决纠纷,降低投资者维权成本,提高矛盾化解效率。例如,2019年8月5日,全国首例证券纠纷"方正科技"案示范判决已经生效,投服中心将积极配合法院做好后续案件的诉调对接工作,进一步完善"示范判决+调解"机制。

广泛运用司法确认机制保障调解协议效力。针对群体性纠纷易反复的特点,投服中心往往建议纠纷双方通过向人民法院申请对调解协议进行司法确认,赋予调解协议书强制执行力,提升了调解协议的公信力。截至目前,在上海市虹口区人民法院的大力支持下,投服中心已经协助238名投资者办理了司法确认,占全市场司法确认数量的95.97%,司法确认金额达到3亿元。

(四)密切的监管协同机制

在案件承接上,投服中心同多家系统单位建立了纠纷调解对接合作机制,便利了群体性纠纷的案件承接工作。投服中心已与中国证券投资基金业协会、中国期货业协会、股转公司等系统单位建立了纠纷调解对接合作机制,明确各系统单位受理的纠纷转办流程和日常沟通协作机制。在具体案件调解上,投服中心积极同中国证监会信访办、机构部、私募部以及派出机构、会管单位等密切联系,确保调解工作与行政监管、自律监管和投资者保护的要求一致。

(五)科学的损失计算

针对上市公司虚假陈述纠纷“损失计算难”“系统性风险认定难”等困扰人民法院和诉调对接工作的痛点问题,投服中心专门开发了损失计算软件。该损失计算软件具备投资差额损失计算、证券市场系统风险扣除计算和证券市场非系统性风险扣除计算等三大核心功能。自 2017 年以来,最高人民法院民二庭先后 3 次赴投服中心就损失计算软件开发应用进行调研。经上海市高级人民法院组织专家评估,损失计算软件的计算逻辑得到了专家一致认可。目前损失计算软件已经运用在上海金融法院委托投服中心调解的多件上市公司虚假陈述纠纷中,并陆续接受上海、广州、郑州等地法院委托参与虚假陈述投资者损失核定,极大缓解了法院的审判压力,提高了此类纠纷的化解效率。

(六)灵活的纠纷解决方式

针对群体性纠纷的特点,投服中心在调解方案设计上充分发挥调解的灵活性,在合法合规基础上,实现纠纷双方利益的最大化。具体表现如下:一是支付主体灵活。一般而言,赔付的主体都是纠纷当事人。但是,投服中心充分发挥调解灵活的优势,引导双方约定通过有能力第三方支付的方式,既保持上市公司、机构的持续发展能力,又让投资者得到满意的赔偿。如某上市公司虚假陈述纠纷,投服中心引导双方约定,通过实际控制人、董监高等第三人支付的方式保证了现有股东的利益。二是支付方式灵活。投服中心引导纠纷双方创新了多种支付方式,如公证提存、司法确认强制执行、设立共管账户等多种方式,充分体现了当事人的意思自治。例如,投服中心成功调解的“运用公证提存方式解决某证券公司理财纠纷”的案例入选最高人民法院和中国证监会《证券期货纠纷多元化解十大典型案例》。

三、存在的问题及建议

(一)调解员队伍建设还需加强

调解员的水平对群体性纠纷能否调解成功起到至关重要的作用,是群体性纠纷化解工作的核心。群体性纠纷调解难度大,有效化解群体性纠纷不仅要求调解员有专业的调解技巧,还要对法律、金融、会计甚至心理学、行为学等知识都有熟练地掌握。因此,要做好群体性纠纷化解工作,必须要构建一支素质过硬、本领够强、人数充沛的调解员队伍。因此,我们建议加强调解员队伍建设,一是针对群体性纠纷举办专门的培训,增强调解员业务能力;二是通过密切联系沟通增强调解员凝聚力,不断完善调解员能力建设和团队建设,提升队伍战斗力;三是加强与律师事务所、会计师事务所的合作,对一些复杂的群体性纠纷引入第三方作为顾问团队等方式,做好群体性纠纷的化解工作。

(二)调解合力有待加强

目前证券期货纠纷调解组织已有55家,形成了纠纷多元化解的良好氛围。但也在客观上存在调解力量分散、各调解组织交流不够的局面,同一个纠纷往往经过多个调解组织调解,浪费了大量的人力物力,既提高了投资者的维权成本,也降低了纠纷化解效率。因此,我们建议结合群体性纠纷调解难度大、投资者地域分布广的特点,集中优势力量,整合现有的调解资源,加强沟通联系,以全国一盘棋的高度统筹调解工作,确保调解职责在统一规范的平台上有序、联动运转,提高纠纷化解的质量和效率。

(三)诉调对接合作机制有待进一步完善

首先,法院委派委托案件前与调解机构沟通不够,有的未做征询就直接进行委派委托给调解机构,而让调解机构进行相关工作,将会让本不宽裕的调解工作时限进一步缩减,影响调解工作质量。其次,法院参与调解的程度不够,对于群体性纠纷,无论是否有先行判决或示范判决,在调解过程中都需要法院的支持和帮助。最后,现行法律对司法确认的管辖规定不适应目前群体性纠纷化解的需求,导致部分法院承担了遍及全国的调解协议司法确认工作。对此,我们有以下三点建议:一是法院在委派委托调解案件前,与调解组织进行充分沟通。二是积极倡导法院参与到调解过程中,对争议焦点等问题进行释疑等。三是推动法院研究出台司法确认管辖权就近选择制度,将司法确认管辖权扩展至调解协议签署地或当事人所在地人民法院,以便利投资者就近确权。

(四)调解与监管协调机制有待加强

首先,调解与行政处罚、行政和解衔接机制有待加强。调解成功的民事纠纷,受害人也不再投诉的,属于《行政处罚法》第27条可从轻、减轻或免除处罚的情形,但这类情形鲜见于监管实践。其次,行政监管对调解工作开展有效支持不足。对于当事人无故拒绝调解,或者达成调解协议但又拒绝履行的,调解工作容易陷入困境。最后,缺乏调解与监管系统信息共享机制,导致调解机构在解纷过程中信息掌握不充分,降低工作效率。对此,我们有以下两点建议:一是进一步加强调解与行政许可、行政处罚的协调联动。如果经营机构已通过调解积极赔偿投资者,则监管机构应根据规定酌情减轻、从轻或免除处罚,并将市场机构配合调解工作情况与行政许可、评级评价、监管约谈等机制挂钩。二是推动监管系统与调解组织的信息共享。调解中涉及证券账户基本情况和相关交易流水数据等重要信息时,系统单位应给予支持配合,帮助调解机构迅速掌握事实、提高工作效率。

(五)统一的损失计算标准尚需建立

损失计算是虚假陈述类纠纷的争议焦点。鉴于虚假陈述损失计算的专业性及相关司法解释的复杂性,当事人往往选择对自己有利的基础损失计算方法及系统性风险扣除比例,从而很难形成一致的纠纷解决方案。随着示范判决机制的铺开,保证损失计算标准的统一性更是海量平行案件调解结案的前提。虽然投服中心开发的损失计算软件,通过科学算法以及行业分类指数等组合参考指标体系极大提升了解纷效率,但目前仅在部分法院、部分案件上得到了应用,尚未得到全国范围内的认可,全国范围内仍缺乏统一的损失计算标准。我们建议在现有规则框架下充分实践,逐步统一虚假陈述类纠纷的损失计算标准,不仅确保同一纠纷示范判决与调解等不同解纷方式的计算口径一致性,还要确保不同纠纷之间的计算逻辑统一性。全国各级法院可统一使用权威指定的损失计算软件系统,依托"一站式多元解纷机制",确保同纠纷的不同解纷方式之间、纠纷与纠纷之间都由该系统运算出损失结果,实现宣示法律规则、统一法律适用的效果,规避监管套利的可能性。

(六)纠纷化解宣传力度不足

调解对于解决群体性纠纷有着先天优势。灵活的方式方法便于调解方案的达成,成本低廉、程序简便的特点帮助专业知识薄弱的中小投资者降低了维权门槛,节省了维权成本;保密高效的特点能有效保障上市公司等机构方的权益。然而,现实情况是资本市场上只有极小部分的群体性纠纷通过调解结案,大部分机构和中小投资者对通过调解化解群体性纠纷的优势还不了解,不认同。我们建议进一步加大调解解纷作用的宣传力度,进一步扩大纠纷调解工作的社会影响力,提高投资者对调解方式化解群体性纠纷的认可度,增强社会对纠纷调解工作的知晓度和关注度,使调解为群体性纠纷的多元化解贡献应有的力量。

总的来说,投服中心针对证券期货群体性纠纷的特点,在坚持调解的意思自治、灵活便捷、成本低廉等传统优势的同时,突破平等民事调解的樊篱,构建起"以监管引导为背景、以自律管辖为依据、以市场导向为目标、以多元对接为保障、以倾斜保护中小投资者为特色"的公益、专业的调解机制,得到了越来越多投资者和市场各方的广泛认同,探索出了一条专业权威独立高效解决纠纷的调解新路。

资本市场纠纷多元化解是一项复杂的系统性工程,投服中心纠纷调解只是资本市场纠纷多元化解的一个环节、一个途径。期待通过在座各位的共同努力,形成纠纷化解合力,共同推动资本市场纠纷多元化解工作再上新台阶。

专题论坛二：证券群体性纠纷诉讼模式与操纵市场民事损害赔偿

证券民事公益诉讼机制的司法路径探索

单素华*

尊敬的各位嘉宾、各位朋友：

大家好！首先，非常感谢会议主办方邀请我参加本次论坛。关于资本市场公益诉讼制度，最高人民法院在《关于为设立科创板并试点注册制改革提供司法保障的若干意见》提出要推动完善符合我国国情的证券民事诉讼体制机制，降低投资者诉讼成本，研究探索建立证券民事、行政公益诉讼制度。上海市高级人民法院相应提出，要充分发挥投资者保护机构作用，探索建立证券公益诉讼制度。在上述意见指导下，上海金融法院出台《关于服务保障科创板并试点注册制改革的实施意见》，规定将针对损害投资者合法权益的证券欺诈民事侵权行为，探索构建由依法设立的证券投资者保护机构、法律规定的机关和有关组织提起的证券民事公益诉讼机制。下面我将结合这几个意见，对证券民事公益诉讼制度的探索谈几点思考。

一、证券民事公益诉讼的必要性

公益诉讼是一种与传统诉讼相区别的诉讼类型，它超越了传统以解决私益纠纷、保护私益为核心的价值取向和功能定位，旨在保护公共利益。对资本市场的公共利益而言，其至少包含两方面内容，一方面是众多不特定市场主体合法权益的抽象化集

---

* 上海金融法院综合审判一庭庭长。

合，另一方面则是正常的市场秩序。从实践观察，仅凭投资者基于私益提起的维权诉讼难以实现对上述两种公共利益的维护。首先，现行的代表人诉讼，还包括我们正在探索的示范判决机制都是建立在“登记加入制”的基础上，违法者的违法收益大于部分投资者维权而产生的违法成本，难以起到维护正常市场秩序的作用。其次，投资者提起的私益诉讼只能实现对个体利益的救济，至多是叠加后的个体利益，不能实现对不特定众多市场主体集合利益的救济。最后，私益诉讼中还存在诉讼成本高、占用司法资源多、纠纷解决效率低等现实问题。相比之下，证券公益诉讼由投资者保护机构、法律规定的机关和有关组织等发起，能够修正中小投资者与上市公司在维权成本与失信成本上的失衡，有效恢复正常的市场秩序，更广泛地实现对众多不特定市场主体的救济并节约司法资源，对私益诉讼起到补充作用。

二、域外民事公益诉讼的司法实践

从比较法的视角来看，民事公益诉讼多表现为团体诉讼或公民诉讼。其中，大陆法系国家如德国、法国等都是通过立法使一定团体具备原告资格，由该团体提起符合其章程、设立目的的诉讼，从而保护特定领域的公共利益。相比英美法系常见的以特殊的司法制度加上刺激当事人和律师的利益动机而推动的“私人检察官”诉讼而言，团体诉讼更接近我国的公益诉讼实践。特别地，团体诉讼的特殊优势还在于其一方面是典型的公益诉讼形式；另一方面，由于团体诉讼判决效力的扩张性，团体诉讼还可以成为解决私益群体性纠纷的一种方式。从实践观察，其他国家和地区的由团体提起公益诉讼最初多以不作为之诉为限，但对于那些违法者从侵权行为中获取巨额利益的情况，仅仅提起不作为之诉显然难以实现威慑违法行为、恢复市场秩序的目的。随着公益诉讼的不断发展，带有补偿性甚至惩罚性的给付之诉也以各种形式出现在公益诉讼中，公益与私益的融合达到了新的高度。其中，比较有代表性的是我国台湾地区投资者保护团体代投资者提起的赔偿诉讼、[①]德国反不正当竞争法中的不法利益收缴之诉。[②]

然而，除环境恢复费用等可以将公益与私益损害赔偿相对剥离的领域外，一旦允

① 我国台湾地区“证券投资人及期货交易人保护法”规定，保护机构为保护公益，对于造成多数投资者损害的同一侵权事件，得由20人以上投资者授予诉讼实施权后，以自己名义起诉。

② 德国反不正当竞争法中规定，就不正当竞争行为并且基于大量消费者的负担获益的行为人，消费者团体可以行使请求权，要求行为人将该收益上交联邦财政。

许公益团体提起损害赔偿之诉,就必然面对如何区分公益诉讼诉权与当事人损害赔偿请求权的问题,而这个问题在个体损害数额较大的证券群体性纠纷中尤其具有现实意义。首先,公益诉讼的首要目标并非是补偿,这就导致民事公益诉讼与私益诉讼在基础理念、审判规则等方面有很大不同。前者关注的是公共利益的保护,强调职权主义,而后者关注对私人利益的恢复、补偿,尊重当事人的意思自治和处分权。如果将两种不同的理念置于同一案件中,必然产生混乱。严格而言,我国台湾地区投资者保护机构提起的团体诉讼须投资者授权,即团体诉权是建立在私益诉权让渡的基础上,虽然该投资者保护机构成立和活动的宗旨都是公益性质,但该诉讼模式应当归类为私益救济的集合即群体诉讼制度,而非公益诉讼制度。在我国《民事诉讼法》中,对于投资者的集合性救济已规定代表人诉讼作为法定的群体诉讼制度。至于是在众多原告中选定代表人还是在原告之外由公益团体代为诉讼,则只是群体诉讼代表机制问题。如果公益团体的诉权不能突破当事人私益诉权让与的范围,则很难说是为不特定多数人的利益而提起诉讼。另外,从实践操作来看,损害赔偿之诉举证复杂,涉及赔偿金的计算、分配等问题,受害投资者人数众多且分散,其人数和遭受的损失都难以确定,且各个投资者主张的损失范围以及能够提供的证据也不一致,很难在一个民事公益诉讼程序中解决,逐一取得授权也存在客观困难。即使公益诉讼原告代表投资者请求赔偿并获得支持,赔偿金的分配也难以做到对受损投资者的全覆盖和公平均衡。其次,不法利益收缴之诉虽可归类为公益性的诉讼请求,但这一公益性"民事罚款"的制度在我国民事实体法中并无依据。并且如果在不法利益收缴之诉已经剥夺了侵权行为人因侵害投资者私益和社会公益而获得的利益情况下,又允许投资者再通过私益的损害赔偿之诉寻求司法救济,则显属重复赔偿。因此,上述两种团体损害赔偿之诉的路径要移植到我国现行的诉讼制度上,还存在很大的障碍。

三、我国民事公益诉讼的现状

从法律层面来看,2012 年修正后的《民事诉讼法》第 55 条规定针对"污染环境、侵害众多消费者合法权益等损害社会公共利益的行为"创设了公益诉讼制度。与之相应,实体法方面的《环境保护法》和《消费者权益保护法》则进一步明确了环境民事公益诉讼制度和消费民事公益诉讼制度。

其中,环境民事公益诉讼的请求权类型包括赔偿损失,但仅限于"纯生态环境损害”,要求污染者承担治理污染和修复生态环境的责任,不涉及个人人身和财产损害。其次,消费民事公益诉讼的请求权类型也仅包括为快速制止经营者不当经营行为而提出的停止侵害、消除妨碍、消除危险和赔礼道歉请求权,无法实现对个体消费者所受损害赔偿的弥补。但是,两种诉讼类型都规定了私益诉讼可搭公益诉讼的“便车”,即公益诉讼生效判决对被告是否存在不法行为、是否存在法律规定的不承担责任或者减轻责任的情形、行为与损害之间是否存在因果关系、被告承担责任的大小等所作的有利于私益诉讼原告的,其可以在私益诉讼中主张适用。

四、证券民事公益诉讼的制度构建

在具体探索我国证券民事公益诉讼的路径上,我们认为,重点是要处理好公益诉讼与私益诉讼的衔接,特别是公益诉讼能够提起的诉讼请求范围及其对私益诉讼的影响。与环境保护、消费者保护等对公益诉讼需求较强的领域不同,资本市场的证券侵权纠纷通常不会存在“侵害数额太小以至于不大可能有人起诉”的现象,特别是随着中小投资者维权意识的提高,加上行政处罚作为前置程序降低了投资者举证成本,以私益诉求为主的群体性纠纷大量涌入法院。因此,若要针对同一证券侵权行为提起公益诉讼,其与私益的群体诉讼之间将存在很大程度的交叉重叠。其中关键的问题就是,在已有群体诉讼制度对投资者利益起到集合性救济的基础上,公益诉讼如何实现其维护公共利益的目的?

我们认为,其中一个可行的方案是在消费民事公益诉讼的模式上更进一步,将公益诉讼作为一个示范性诉讼,审理证券欺诈行为的共通争点,并允许公益诉讼生效裁判的既判力向私益诉讼扩张。具体而言,在证券侵权纠纷中,虽然侵权行为存在的事实主张是共同的,但个别损害的存在、损害数额及损害与侵权行为的因果关系等需要每个投资者单独证明。因此,单独的私益诉讼不可或缺,而其中的共通争点则是公益诉讼可以发挥作用的空间。即由投资者保护机构率先提起一个公益诉讼,确认侵权行为是否成立、侵权行为与投资损失间是否存在因果关系及损失赔付原则等共通争点,若公益诉讼裁判作出对投资者有利认定的,可直接作为投资者私益诉讼的裁判依据。在诉讼资格上,由于公益诉讼审理的是一个针对同一证券欺诈行为共通争点的拟制案件,不涉及个别投资者的损害赔偿,可以无须取得投资者授权而由法律直接规定其诉权。就这个角度而言,通过拟制一个案件由公益诉讼来主导,也避免了示范判决机制中可能在示范案件的选定上无法兼顾争点代表性和原告代表性的问题。其次,也弥补了代表人诉讼的登记加入制对小额分散损害救济的不足。对涉科创板纠纷而言,资本市场基础制度的改革可能导致大量的新类型纠纷,在这些纠纷发生之初,由于争议事实比较复杂或者涉及的法律关系尚无明确规定,对法院是否受理、法律如何适用以及当事人的诉讼请求的正当性问题,都处于非常模糊的阶段。绝大部分人可能由于败诉风险过大、诉讼成本过高而不愿意提起诉讼时,就更需要投资者保护机构等组织率先提起一个示范性的公益诉讼"投石问路"。在判决效力的扩张上,可沿用消费民事公益诉讼向关联私益诉讼既判力扩张的模式,对投资者一方作单向有利扩张。这是因为被告一方已在公益诉讼中获得充分的举证、质证、辩论的程序权利,而关联私益诉讼的原告没有参与公益诉讼程序,故从正当程序角度不能将对投资者不利的认定扩张至关联私益诉讼的原告。而通过有利于投资者认定部分的既判力扩张,可显著降低投资者的诉讼成本,从而放大公益诉讼的公益属性,发挥公益诉讼的规模经济效应,在维护更多投资者合法权益,促进群体性纠纷解决的同时,极大地降低法院审理证券侵权纠纷的难度和司法成本

根据这一思路,上海金融法院在《关于服务保障设立科创板并试点注册制的实施意见》中明确,探索构建由依法设立的投资者保护机构、法律规定的机关和有关组织提起的证券民事公益诉讼制度。因同一侵权行为受到损害的投资者自行提起私益诉讼的,若公益诉讼生效裁判对侵权行为是否成立、侵权行为与投资损失间是否存在因果关系及损失赔付原则等具有共通的事实及法律争点作出对投资者有利认定的,可直接作为投资者私益诉讼的裁判依据。今后,我院将在实践中对证券公益诉讼制度的构建作进一步的探索,谢谢大家。

消费者权益保护领域公益诉讼案例经验分享

江　宪*

一、关于证券公益诉讼和消费公益诉讼实施上的差别

2015年7月我曾代表上海市消费者权益保护委员会(以下简称上海消保委)代

---

* 消保委公益诉讼案件代理律师。

理起诉天津三星通信技术有限公司(三星)侵权责任纠纷案件,这是我国首例消费民事公益诉讼案件。所以我将首先基于消费公益诉讼的经验,来谈一下目前证券公益诉讼实施上的两项明显差别。

(一)关于法律授权起诉资格的问题

公益诉讼是一项新制度,由2012年8月31日新修订的《民事诉讼法》首次引入。该案启动前,2013年10月25日,依据新《民事诉讼法》新修订的《消费者权益保护法》(以下简称《消法》)中第47条已规定,“对侵害众多消费者合法权益的行为,中国消费者协会以及在省、自治区、直辖市设立的消费者协会,可以向人民法院提起诉讼”。也就是说,上海消保委已是法律明确的消费公益诉讼的起诉主体。

公益诉讼是针对损害社会公共利益的行为提起的诉讼,起诉主体是能代表全体社会成员或者社会不特定多数人利益的主体,包括社会公共秩序及社会善良风俗等。谁能代表公共利益,这是公益诉讼的核心问题。因此,《民事诉讼法》规定是法律规定的机关和有关组织,公益诉讼的原告主体资格要有法律的明确授权。

因此,我国目前尚无法律规定的授权机关和有关组织可提起证券公益诉讼。

(二)关于证券公益诉讼是否属于目前法律规定的公益诉讼范畴的问题

《民事诉讼法》第55条规定,“对污染环境、侵害众多消费者合法权益等损害社会公共利益的行为,法律规定的机关和有关组织可以向人民法院提起诉讼”,明确的民事公益诉讼类型是环保和消费两类。《最高人民法院关于适用〈中华人民共和国民事诉讼法〉的解释》(以下简称《民诉法解释》)第284条亦作相同规定。因此,证券公益诉讼是否能适用《民事诉讼法》第55条及《民诉法解释》第284条关于公益诉讼的规定,仍值得商榷。

具体来说,证券侵权纠纷是否属于《消法》第28条规定的金融消费,或者说如果不属于金融消费,证券侵权纠纷侵害到不特定多数人利益时,是否属于侵害社会公共利益,有不同看法。并且这里的“等”是等内还是等外,仍然存在不同看法和争议,没有明确解释。当然,有“等”就有其他类型适用的空间。但可以肯定的是,证券公益目前尚无法律的正式规定,尚需在研究探索阶段。

因此,这是证券公益诉讼与我当时代理消费公益诉讼的很大差别,证券公益诉讼还受起诉主体法律及公益诉讼范畴法律未明确的困扰,而消费公益诉讼完全不存在这样的困扰。

二、证券公益诉讼的必要性、紧迫性和可行性

尽管受困于以上两大问题,但我认为证券公益诉讼有其引入的必要性、紧迫性和可行性。

首先,2014年12月成立的投服中心,其经营范围载明的是“面向投资者开展公益性宣传和教育;公益性持有证券等品种,以股东身份或证券持有人身份行权;受投资者委托,提供调解等纠纷解决服务;为投资者提供公益性诉讼支持及其相关工作”等。

也就是说,投服中心系为证券公益而生,证券公益系其设立、运营之本。且到目前为止投服中心依据《民事诉讼法》第15条规定已经支持大量投资者进行证券侵权责任诉讼维权,不仅带有明显的公益性质,亦取得了良好的社会效果,增强对侵权人的威慑力,已起到一定净化证券市场公开透明、公平公正的作用。我国通过投资者服务中心证券支持诉讼,实际上已对证券诉讼进行了公益性实践。实践到现阶段,有必要进一步加大公益性诉讼支持的力度并进一步加大净化证券市场的力度。

其次,我国证券市场的日益壮大,证券侵权事件频繁发生,并且证券侵权纠纷具有受害人数众多、地域分布广泛、单一受害人诉讼金额较少但同一侵权事件赔偿诉讼数额巨大的特点。广泛侵害众多证券投资人个体利益的情形,我们可以将众多私益集合识别为公益;而为数众多、频繁发生的证券侵权行为,明显已造成证券市场秩序的紊乱,明显是对透明、公开、公正的证券市场公益的严重侵害。因此,目前证券侵权纠纷的特点符合《民诉法解释》第284条“(一)有明确的被告;(二)有具体的诉讼请求;(三)有社会公共利益受到损害的初步证据;(四)属于人民法院受理民事诉讼的范围和受诉人民法院管辖”规定的公益诉讼的起诉条件。

另外,证券侵权案件一般以行政处罚作为诉讼前置条件,这也决定这类案件在启动民事诉讼时,已具备客观上对证券市场公共秩序、管理秩序进行维护的公益诉讼基本特征。

最后,通过公益诉讼可以将不特定多数投资者的个体利益的集合识别为公益,由公共利益的代表为投资者提供权威、专业的服务,代替投资者诉讼起诉,有助于降低投资者的诉讼维权门槛、安抚投资者不满,有助于维持社会的稳定。同时,也将大大降低法院证券侵权纠纷案件群体诉讼的案件数量,节约诉讼资源。

三、代理公益诉讼的经验分享

2013 年《消法》修订后不久,正值社会上智能手机热销。消费者对智能手机的投诉也多,但大多投诉集中在手机内预装软件上,诸如软件的功能介绍、规格大小、所占内存不说明等。消费者对预装软件信息浑然不知;有的软件即便消费者没有使用也会耗去流量;有些软件市场上有更好的,但预装在手机中同样功能软件卸载途径不清楚或者根本无法卸载,消费者无法用更好的软件替代预装软件。专业的比较测试报告也载明,有些手机所预装的软件可以卸载部分,有些一个都不能卸载,比如,三星的 SM – N9008S 智能手机预装各类应用软件 44 个,但对软件的名称、类型、功能、所占内存未说明,也未告知消费者卸载方法。专业机构的比较检测结果与消费者的投诉一致,消费者的不满和投诉是有道理的。

上海消保委决定将三星作为被告提起公益诉讼。《消法》规定消费者有诸多权利,有的涉及财产,有的不涉及财产。其中《消法》规定的消费者知情权和选择权,不涉及财产。消费者知情权,即消费者享有其知悉购买、使用商品的真实、充分、准确信息的权利。消费者的选择权,即消费者享有根据自己的需求、意向自主选择自己需要的商品。知情权和选择权是《消法》赋予消费者的法定权利。智能手机的包装盒说明书上未对预装软件的功能规格、内存大小明示消费者,显然涉嫌侵害消费者的知情权。预装软件有的消费者需要,有的消费者并不需要,对不需要的又不能卸载,消费者的选择权也受到侵害。

通常消费者个体提起诉讼大体聚焦财产权,或者其他非财产权受到侵害后要求侵权者赔偿一定数额的款项作为权利受损后的救济。法律对权利被侵害后的救济大多也落实在赔偿上,通常我们看到的侵权案件的诉讼请求也大多落实在赔偿以及赔偿数额上。目前我国最多的是个体诉讼,当然也有集团诉讼和代表诉讼,这些诉讼都有具体权利人,判决的权利归属明确。公益诉讼针对侵害众多消费者的行为,被侵害主体不特定,诉讼没有具体的权利人而由消费者组织代行抽象消费者的权利。如有财产权或赔偿救济上的请求,则胜诉后获得救济财产的归属问题很难解决。由此,当时诉请设计不涉及财产权,只聚焦消费者知情权和选择权,不提赔偿请求。

本次公益诉讼的基本框架就此确定:(1)被告,三星公司;(2)案由,侵权;(3)具体侵害的是,消费者的知情权和选择权;(4)诉讼请求,只要求停止侵害消费者的知情权和选择权,即在包装盒或说明书中对预装在智能手机中软件的功能规格、内存大小及卸载途径予以明示,没有赔偿请求。

起诉后不久,上海消保委就收到了三星的整改方案。韩国三星公司大中华区互联网应用与服务中心总监还带着整改方案到上海消保委针对被诉事宜作出回应,表示"遵守中国法律是三星的义务,会依照中国法律保障消费者的知情权和选择权"。该案开庭后,三星直接答辩完全赞同上海消保委的起诉主张。并提供《革新方案》及具体说明,证明其已发布被诉手机 SM－N9008S 可卸载部分预装软件的版本及在包装盒和说明书中用文字及二维码的方式告知预装软件的功能介绍包括规格大小、所占内存、卸载途径等,是已纠正错误。由于实现了上海消保委起诉要求的对消费者知情权和选择权的保护,该案以上海消保委撤诉申请得到法院准许结案。

这个案件带来了"三赢"的效果,消费者的知情权、选择权得到了保障;消保委的诉讼目的得到了实现;三星公司树立了遵守中国法律有错必纠的大公司形象。不仅如此,案件的溢出效应也开始显现,其他品牌包括国际、国内品牌手机都悄无声息地在其包装盒及说明书中加进预装软件的说明及卸载告知。

2015 年 11 月 16 日,工信部还下发加强对手机预装软件的事前事后监管及建立智能手机预装软件管理标准的《司法建议书》。2016 年 2 月 23 日,该案被最高人民法院与中央电视台联合评选为"2015 年推动法治进程十大案件"。

该案件启动的目的,就是要保护《消法》规定的知情权和选择权以净化整个手机市场的不良秩序。最终这个案件也确实实现了这样的目的,不仅社会效果良好,并且法律的价值导向清晰明确,这就是公益诉讼的强大作用和价值。

基于目前的情况,证券公益诉讼无疑是司法实践的一大创新。由于公益诉讼天然的净化市场良好功能,这样的司法创新带来的无疑全是正面良好导向,不仅在维护社会稳定,也在打击金融犯罪、防范金融风险上,更重要的是在信用社会和法治社会的建设上。

另外,就公益诉讼建立及证券支持诉讼实践的情况来看,在立法和机构设置层面,我国已为证券侵权公益诉讼的开启预留了空间。尽管起诉主体、起诉类型的法律规定尚有不足,但可以考虑运用法律的扩张性解释来对《民事诉讼法》第 55 条及《民诉法解释》第 284 条的"等"进行解释。同时,也可以考虑检察院公益诉讼已有突破公益诉讼领域的实践案例。

我认为,公益诉讼实务首先需对公共利益的考量和准备充分。而证券公益诉讼,我想还有一个特别之处是其一般都是公益和私益的交叉,不以我代理的公益诉讼可以说是纯公益。那么怎么由私益集合为公益,可能需要在准备案件上做足准备,还要做好公共利益、多数、不特定等法律阐述工作。同时,私益代表的人数要必然具有一定数量才能构成公益,10 人或 20 人或 200 人,这也要好好琢磨。在私益授权让渡方面,也要做更多的准备和证据固定工作,我理解要有每一个公益诉讼代表的私益受害人的授权委托书及有效的联系方式,有关私益在公益诉讼下可能出现的权益放弃也应当事先列明和告明。同时,在诉讼过程中,诉讼协调、诉讼保障可能也有很多方面的内容需要考虑,比如,是否要公示庭审情况等。最后,我想对于证券公益诉讼取得财产性赔偿后的拆分和归属处置,可能也会有种种问题,这个就是我当时代理消费公益诉讼设计规避的,但却是证券公益诉讼无法回避的,实务操作时公益诉讼代表人无疑需要提前考虑到各种情况。

我在这里抛砖引玉一下,希望能给大家更多的启示。谢谢!

探索推进检察机关提起证券公益诉讼制度

屠春含*

各位领导、各位专家:

大家下午好!非常荣幸受邀参加今天的论坛活动。设立科创板并试点注册制是党中央交给上海的三项新的重大任务之一,我们非常高兴地看到这项任务已经成功落地并顺利运行,这对进一步深化改革开放、推动高质量发展无疑具有重要意义。以注册制为核心的科创板是一项全新的尝试,各项规则不同以往,为了更好地保护广大中小投资者的合法权益,保障资本市场健康发展,需要包括立法机关、司法机关、行政监管部门和市场主体在内的各方共同努力、共同推动。

证券领域是国家金融体系的重要组成部分,关涉经济发展与安全,检察机关始终高度关注,在发挥刑事检察职能的同时,我们也将进一步发挥民事、行政和公益诉讼检察职能,全面做好服务保障工作。当前,证券领域公益诉讼的探索实践还处于起步阶段,但越来越多的研究和实践观点认为,建立符合中国资本市场特点的证券公益诉讼制度势在必行。不久之前,最高人民法院在服务科创板的司法解释中也明确提出,

---

* 上海市人民检察院第八检察部主任。

要探索建立证券领域的民事、行政公益诉讼制度。为此,我们专门做了调研,主要有以下三点认识。

一、证券公益诉讼契合现行的检察公益诉讼制度

检察公益诉讼制度是为维护国家利益、社会公共利益而设立。目前法律明确规定环境污染、食药安全、国有财产、国有土地使用权出让、英烈保护等五个领域纳入检察公益保护范围。除了上述领域,还可以通过法律的制定修改,或者通过司法解释的方式,明确公益诉讼的范围。

之所以法律规定将前述五个领域纳入保护范围,概括起来有以下原因:一是短期来看,公益受损对私益主体损害不明显、不直接,但长期来看,其危害非常严重,有早介入必要;二是因为维权成本高、取证难,对私益主体而言投入产出不成比例,缺乏起诉的能力和动力,有帮助或替代介入必要;三是公益受损处于持续状态,但缺乏其他行之有效的救济手段,尤其是有些还不构成刑事犯罪,对行政处罚无动于衷的情况,有填补空白而介入必要;四是行政机关是最大的公益维护者,但有不依法履职的情形时,需要由第三方介入进行督促。对照证券领域来看,目前证券市场违法违规行为多发高发,市场规则的落实和信用受到质疑,刑事手段和行政处罚手段不足以维持公平透明的市场秩序。民事赔偿领域受制于前置程序,[①]受制于专业知识和取证维权成本等考虑,其对不法行为应有的作用没有得到充分发挥。

设立科创板并试点注册制是资本市场的一项增量改革,旨在增加资本市场的包容性和竞争力。注册制相较核准制而言,发行上市的硬性条件有所放宽,例如,科创板并试点注册制允许没有盈利的企业上市,以前上市需要中国证监会审批,但现在实行注册制,就是让市场来做选择,新股的发行价格、规模、股票市值、发行节奏、退市等都要通过市场化的方式决定。但是,市场选择的前提是法治环境的完善、信用体系的健全,很显然目前还未达到。正是出于这些考虑,最高人民法院在服务科创板的司法

① 最高人民法院《关于受理证券市场因虚假陈述引发的民事侵权纠纷案件有关问题的通知》第2条规定:"人民法院受理的虚假陈述民事赔偿案件,其虚假陈述行为,须经中国证券监督管理委员会及其派出机构调查并做出生效处罚决定。当事人依据查处结果作为提起民事诉讼实施依据的,人民法院方予受理。"《最高人民法院关于审理证券市场因虚假陈述引发的民事赔偿案件的若干问题》第6条第1款规定:"投资人以自己受到虚假陈述侵害为由,依据有关机关的行政处罚决定或者人民法院的形式裁判文书,对虚假陈述行为人提起的民事赔偿诉讼,符合民事诉讼法第一百零八条规定的,人民法院应当受理。"

解释中提出要探索建立证券领域的民事、行政公益诉讼制度,这与当前的检察公益诉讼制度是相契合的。

二、证券公益诉讼有助于证券市场长期健康发展

一方面,建立证券领域公益诉讼将有效增加资本市场的违法成本,从而增强法律制度的威慑力。目前,我国资本市场的违法成本实际上是比较低的,康美药业被中国证监会查明虚增营业收入近300亿元、虚增货币资金近887亿元,天文数字般的财务造假行为,恶意欺骗投资者,但行政处罚却未"伤筋动骨",发行人仅受到60万元的罚款,21名相关责任人员罚款合计仅为535万元。而且在中国证监会公布行政处罚后,康美药业却连续三个涨停,事实证明市场对违法违规行为处罚过轻,[①]未起到震慑作用。中国证监会受《证券法》最高处罚数额限制,[②]无法对违规企业进行巨额罚款,企业违法成本低,最高的行政处罚也无法给市场以震慑,暴露出现有司法救济的缺陷。如果建立起证券公益诉讼,可以在行政处罚、刑事制裁之外,再追究违法企业和相关责任人员的民事责任,有助于对证券违法行为形成更有力的威慑。

另一方面,建立证券公益诉讼制度有助于弥补私益诉讼制度之不足,保障中小投资者的合法权益。虽然现行法律也给中小投资者提供了通过私益诉讼挽回损失的救济途径,然而在实际操作中却存在诸多困难。中小投资者往往存在人数众多且分散,信息不对称、证据获取难且成本高昂、专业素质不足等诸多不利因素,单凭个人力量提起赔偿诉讼,很难达到预期效果。而且证券侵权民事案件具有"小额多数"的特点,若投资者以单独诉讼形式维权,则因每个个体的损失数额有限,诉讼成本可能反而高于收益,选择放弃的可能性较大。因此,建立证券公益诉讼制度,通过检察机关等专业机构的调查取证和诉讼活动,有助于增强诉讼的专业性和有序性,客观上有助于为中小投资者提供更加有力的救济。

---

① 类似案例如"康得新"虚增利润119亿元,对发行人罚款60万元,对19名相关责任人共处以罚款250万元。"昆明机床"虚增收入4.83亿元,虚增利润2961万元,对发行人罚款60万元,对22名相关责任人院罚款190万元。

② 按照《证券法》第193条、第202条、第207条的规定,"信息披露违规""内幕交易""证券欺诈"最高处罚60万元,第203条规定"操纵市场"最高处罚300万元。

三、证券公益诉讼的初步设想和实现路径

公益诉讼和私益诉讼相比,有一个重要原则,就是私益主体并不直接从公益诉讼中受益。譬如,我们在环境公益诉讼中获得的赔偿金,不会偿付给受害者,而是直接用于环境的修复,从而使广大私益主体受益。在证券领域如何明确公益诉讼请求,我想可以从两个方面着手。一方面,可以以确认之诉的方式出现,如请求确认上市公司、控股股东、实控人等某行为违法,以便私益主体在后续的诉讼中直接引用公益诉讼中所认定的案件事实进行相关定性,某种程度上也是对违法前置程序的一个补充。另一方面,可以请求上市公司、控股股东、实控人等为一定行为,如履行增持、回购义务等,从而间接使公众受益。

关于诉讼的具体路径,一是积极探索刑事附带民事公益诉讼,针对虚假陈述、内幕交易、操纵市场等违法犯罪行为,在提起刑事诉讼的同时,提起附带民事公益诉讼,让违法主体既要承担刑事责任也要承担民事义务,增强法律的震慑力。二是积极支持中小投资者保护机构在持股行权过程中提起诉讼,检察机关以支持起诉的方式,帮助调查取证,提供法律上的支持。三是单独提起民事公益诉讼,诉讼请求以确认违法行为或请求为一定行为为主。

证券公益诉讼在我国是一项新生的事物,检察机关将与社会各界一道,进一步加强理论研究和实践探索,努力服务上海金融中心建设,推动形成具有中国特色的证券公益诉讼制度。

中国台湾地区“证券投资人及期货交易人保护中心”经验分享一

林俊宏* 黄建中**

主持人,各位专家、各位先进,大家好!今天很高兴有机会跟大家介绍、分享中国台湾地区的实践经验,也很高兴有机会来参与这样的讨论。台湾地区在投资人保护方面,是通过设立中国台湾地区“证券投资人及期货交易人保护中心”(以下简称“投保中心”)来进行相关的保护业务。其中有一块很重要的就是诉讼,我们称其为公益

* 中国台湾地区“证券投资人及期货交易人保护中心法律服务处”处长。
** 中国台湾地区“证券投资人及期货交易人保护中心法律服务处”组长。

诉讼,这个诉讼机制其实从2003年就开始启动,到现在已经超过15年了。等一下我的分享,就针对我们这个制度的设计,还有实践的经验跟各位作报告。

"投保中心"打的一些诉讼,我们认为它是属于帮市场在打官司,属于公益性质的,姑且称之为广义的公益诉讼。接下来跟大家讲一下我们实际发生的效果跟我们所遭遇的困难。

一、中国台湾地区"投保中心"设立简介

首先,这个诉讼主体就是"投保中心"。那为什么要设"投保中心",要设立这个专职的机构,是因为资本市场信息不对称,力量不对称,小额投资人容易受到误导,需要更公平地对待跟资讯的揭露,所以有一个"投保中心"站出来。它的法律设计,是一个公益的财团法人,有独立的法人人格,但受到主管机关的监督,所以在台湾地区"证券投资人及期货交易人保护法"(以下简称"投保法")的设计里面,它必须由主管机关来指派董事、监事,其中的公益董事要超过2/3。这个是最基本的制度设计。

我们主要的业务项目跟今天议题有关的就是所谓的团体诉讼,对公司、对董监事提起的代表诉讼以及诉请法院解任不适任董监事的解任诉讼。另外,我们为了要保护投资人,也希望兼具股东的身份,所以我们同时也是每一家台湾地区上市柜公司跟兴柜公司的股东,方便我们可以去行使股东权利,实践股东行动主义。"投保中心"的组织形式是相对单纯的,就是分两个处,除有"法律服务处"处理相关的法律业务外,由"管理处"负责相关的行政业务,比较特别的地方是有一个"调处委员会",这是在"投保中心"机制里还有一个纷争解决机制,也就是为疏解讼源,希望通过证券期货相关的专家来解决纷争,做调处。目前,"投保中心"的员工包含董事长和总经理,为40个人左右。

接下来介绍我们公益诉讼的类型,第一个是证券诈欺的团体求偿诉讼,第二个是代表诉讼,第三个是解任诉讼,还有一些其他的。其中证券诈欺团体诉讼比较侧重于对市场投资人的保护,代表跟解任诉讼比较是站在股东的身份,帮公司去追讨负责人应该还给公司的损害赔偿,或者是解任不胜任的董监事,所以侧重的面不完全一样。不管是证券诈欺的团体求偿诉讼,或代表、解任诉讼,或是其他如归入权或撤销股东会决议的诉讼,在中国台湾地区的"证券交易法",或在"公司法",都有相关的条文规定,小股东具备一定的条件或资格本来就可以提起,但从实践、实务的情形来看,自台

湾地区“证券交易法”实施以来,几乎没有人去进行这样的诉讼,所以由“投保中心”站出来取得这样的诉权,能够进行这样的诉讼。也就是说,这些诉讼机制本来就存在,只是没有在用,变成由“投保中心”站出来当诉讼主体,去落实这个民事责任。在整个制度设计里,“投保中心”打的都是民事诉讼,因为刑事的部分是由检察官,即检调机关来处理,行政部分由主管机关负责,那么民事部分就由“投保中心”来补足。只要有刑事不法的情形,有民事责任,则“投保中心”就跟上去,落实这样的一个民事责任。

二、关于中国台湾地区证券诈欺团体诉讼机制

(一)法律依据及要件

关于证券诈欺团体诉讼,是为了帮助证券诈欺的被害投资人,进行团体的求偿诉讼。我们的法律依据就是在中国台湾地区“投保法”第28条,因此,提起团体诉讼是有一个特别的规范。本来在台湾地区“民事诉讼法”规定就有多人可一起选一个原告,跳出来带着大家一起进行诉讼的制度。相关的请求权基础,也在台湾地区“证券交易法”与民法侵权行为里都有规定,但是因为没有人在用,所以特别在台湾地区“投保法”里设计了团体诉讼的制度。

先简单介绍一下它的要件。第一,范围,它必须是一个针对不法的证券期货的案件,所以范围是有限制的。第二,要有20个以上的证券投资人或期货交易人一起提起,就是超过20个人才能一起授权,才能启动团体诉讼的机制,作为一个公益的门槛。第三,把诉讼实施权授予给“投保中心”。也就是说,投资者授权给“投保中心”之后,由“投保中心”当原告提起诉讼,而不是由这些投资者一起打共同诉讼,制度设计上是不一样的,当然这跟美国集体诉讼也不一样。

(二)与共同诉讼之不同

接下来从团体诉讼与共同诉讼的不同处,进一步来说明我们制度设计的一个特点,

第一,当事人,即原告,就是“投保中心”,这是形式当事人,但是实质当事人是背后授权“投保中心”进行团体诉讼的500个、1000个等投资者,目前我们最多是到25,000个投资人一起来打一个官司,而诉讼中的原告就只有一个——“投保中心”,由投资者将诉讼实施权授予“投保中心”。

第二,条文中的特别设计,在这个诉讼里面,配套设计了裁判费跟执行费的减免。诉讼设计中,新台币3000万元以下的标的要缴纳诉讼费用,标的在新台币3000万元

以上的,“投保中心”无须或减免缴纳裁判费或执行费。其主要原因是相关的证券团体诉讼中,请求金额动辄上亿新台币甚至十几亿新台币、20 亿新台币,最多到 80 亿新台币,所以裁判费与执行费金额相当高,因此有裁判费减免与执行费减免的规范。

第三,关于保全的部分,也特别在条文里设计了法官可以审酌情形裁定免供担保进行保全程序,或是免供担保进行假执行。当然,这都必须透过承办法官的审酌,符合相关要件之后,可以免供担保。因为在中国台湾地区,若要进行假扣押,通常必须提供 1/3 的担保金。这个部分在“投保中心”的团体诉讼里,有相应的特别优惠规定。

(三)案件之既判力效果与团体诉讼之退出

另案件的既判力是及于有来“投保中心”登记授权进行团体诉讼的成百上千的投资者,判决的既判力会及于这些人,而没有加入的人,是不受既判力拘束,不论赢输,皆不受团体诉讼的约束。因此,未加入的投资者,即使团体诉讼败诉,也不受其拘束,可自行起诉。

此外,“投保中心”提起的诉讼一审判决下来之后,关于要不要上诉,我们也会逐一通知投资者,我们会告诉投资者“投保中心”要上诉或不上诉,投资者如果不赞同我们的做法,比如,我们不上诉,而他想上诉,他也可以脱离团体,自己进行上诉,属于任意性的诉讼担当,投资者可以把诉讼实施权赋予我们,也可以随时退出。所以在既判力的部分与美国的集体诉讼有很大区别。需要补充的是,由“投保中心”担任当事人在团体诉讼实务操作上的影响是很大的,早期台湾地区也是以一个基金会进行共同诉讼,当事人的共同诉讼委任基金会作为诉讼代理人,但是因为当事人仍旧是每一位投资人,因此之后的送达或是上诉期间是分别起算,所以产生了程序上时间、费用的问题,需要分别确定非常烦琐,甚至影响该制度的运行,所以后来才设计成将诉讼实施权授予给“投保中心”,由它作为当事人,而法院之后相关的送达、上诉意见、上诉与否,就以“投保中心”为准,节省逐一送达的问题。

三、中国台湾地区证券诈欺团体诉讼之实务运作

接下来介绍实务的具体做法,概括而言,就是如果“投保中心”发现或收到有证券不法案件时,就站出来受理投资人登记,利用中国台湾地区“投保法”第 28 条帮广大投资者一起打团体诉讼。实体法上就主张目前台湾地区“证券交易法”上相关的请求权基础与民法侵权的请求权基础。比较特别的地方就是案件来源。

(一)案件来源

这些案件主要的甚至绝大部分都是经过检察官起诉的证券不法案件,包含财报不实、操纵股价、内幕交易等,这些证券不法案件检察官都会进行起诉,我们会针对检察官起诉的具体不法事实,去理清我们认为的善意投资人是哪些,受理期间是何时,损害计算怎么做,在我们理出来之后,若认为可以承做,经“投保中心”董事会决议通过后,即做成表格进行公告,让投资者前来登记,进行团体诉讼。因此,投资人是针对“投保中心”,授权其去打官司,而案件的律师是“投保中心”内部的律师,并由其代表“投保中心”进行诉讼。之后就进行相关的诉讼程序与保全,以及最后的强制执行,如果获得款项,则进行款项的分配,期间如果有和解的可能性,则会进行和解。其实目前我们所取得的赔偿款项约60亿元新台币,其中和解取得的金额反而更多,超过50亿新台币。

(二)团体诉讼案件类型及诉讼概况

在受理的案件类型方面,目前证券不法案件大概是这几种类型,包括财报不实,还有公开说明书不实,这两个我们都认为是虚假陈述的性质,另外是操纵股价、内线交易,即内幕交易,以及其他的证券不法行为,譬如,公开收购诈骗的情形。这是我们目前受理的证券诈欺团体诉讼的主要类型。

目前我们总共受理了252件案件,涉及16万人次,请求金额超过新台币600亿元左右,胜诉、败诉都有。案件事实部分会受到刑事判决有罪无罪的影响,所以在部分的操纵股价、内线交易的证券求偿案件里,常因为刑事判决无罪而导致民事赔偿败诉。虽然理论上是可以分别进行认定,但实际上民事部分会受到刑事部分的严重影响。

(三)小结

以上就是团体诉讼的机制,我们自认为它是介于一般的共同诉讼与美国的集体诉讼之间,一方面,不像美国的集体诉讼中整个集团全部受既判力约束,要选择退出才不受拘束,我们是要选择加入才算;另一方面,我们又希望在兼顾不要滥诉的同时,能够帮大家一起解决纷争,通过诉讼落实民事责任,所以设计了前面所介绍的一种机制,到目前运行良好。

四、“投保中心”代表、解任诉讼及其他公益性质诉讼

(一)代表诉讼

从股东角度,以股东身份进行的代表诉讼。关于代表诉讼的法律规定,大意是上

市柜公司的负责人有可能掏空公司、进行非常规交易或是利益输送等类似情形,公司应该追讨赔偿,但是有时候往往这些不法行为人就是公司负责人,或者他们彼此就是同一个团体的,所以公司不愿意去进行这样的一个诉讼。所以在代表诉讼方面也是一样,本来小股东可以站出来进行代表诉讼,但因为没有人打,没有诱因,所以由“投保中心”站出来打。我们只针对上市或上柜公司执行业务中有重大的损害公司的行为或违反法令、章程的重大事项,因为公益性比较强。当然,前提还是要先催告公司自己进行诉讼,公司不做,“投保中心”才取得诉权,可以站出来代位公司去告这些我们认为掏空公司的不法行为人。目前我们提起诉讼的总数是56件,还在进行中的有35件。我们的诉讼状况其实也是随着问题的发生,或者是所面临的一些资本市场的实际状况不断应变衍生出来的。

(二)解任诉讼

解任诉讼原来在中国台湾地区“公司法”就有,它的本来机制是如果有不适任的董事而股东会不解任,则小股东可以站出来,只要符合一定的持股要求,如持股3%,就可以要求法院透过司法审查解任不适任的董事,本来是有这样机制,但也是因为没有人在进行这样的诉讼,所以这时候也赋予“投保中心”有诉请解任的权利,可以去打这样的一个诉讼。把所谓的不适任的董事,通过起诉由司法进行审判,判断董事是不是适任,进而决定是否解任,所以是通过“投保中心”提起诉讼,由法院裁判决定是否应该解任。

(三)代表、解任诉讼之实务运作

无论是代表诉讼或是解任诉讼,其实最开始都是从同一个证券不法案件里做一体的分析。“投保中心”如果收到一个证券不法案件,会先看有没有符合团体诉讼的情形,同时看是否有人掏空公司,是否需要进行代表诉讼,董事是否存在违反法令及章程的重大事项,是否需要进行解任诉讼,予以综合评估。基本上,案件大都是针对经过公诉的证券不法案件,事实相对比较明确,“投保中心”可以在其中厘清民事关系,决定是否办理案件,是否进行相关的诉讼。

(四)其他公益性质诉讼

至于其他的公益诉讼则包含了短线交易归入权诉讼,也是以股东身份进行诉讼的。另外,“投保中心”是中国台湾地区每一家上市柜公司的股东,所以遇到重大的股东会或是有相关争议的事项,“投保中心”也会参加该公司的股东会表达意见。如果发现股东会召集程序或决议方法违反法令或章程,或存在重大违法事项,也会提起撤销股东会决议的诉讼。希望以此健全资本市场的游戏规则,之后大家都按照股东会的游戏规则来走。

五、"投保中心"之具体成效

接下来,简单讲一下"投保中心"的具体成效,我们是一个专门专业的投资者保护机构,我们是希望通过落实中国台湾地区"证券交易法"和证券市场的民事责任来填补投资人损害。如我刚才所报告的,在中国台湾地区"投保法"实施或者说"投保中心"成立之前,类似相关的民事追偿在台湾地区几乎是不存在的,徒有规定,但民事责任却是空的。所以,我们觉得这个机制非常重要的效果是:第一,落实证券市场的民事责任,虽然目前只是针对经检察官起诉的案件,但仍帮投资人争取许多赔偿。第二,落实股东行动主义,维护股东的权利。这点是从"投保中心"去进行代表诉讼、解任诉讼或是去参加股东会的角度来看的。其实小股东对公司的经营或股东权益行使,通常是比较冷漠的,他有可能只关心股价的涨跌起伏,对于股东会召开、决议表达意见比较少,所以我们认为"投保中心"的存在能达到这样一个效果。第三,发挥外部监督力量,强化公司治理。尤其是代表诉讼与解任诉讼,在台湾地区的实践经验中,的确是对于上市柜公司、可能进行不法行为的行为人产生了一定的监督力量,他们很担心成为代表诉讼的被告,要赔偿公司,也很担心被解任,因此当然形成了一个外部监督力量。第四,促进司法判决。其实以前也有法律规定,但大家都不知道如何去做,如果进行诉讼会有什么结果,因为没有案件,司法就没有表示意见。现在经过"投保中心"不断进行诉讼,不断去尝试,去冲撞这些法律见解,慢慢地见解就出来了。若相关的见解比较明确、可预见、可预期,则可以说整个市场法治会更加清楚清晰。

最后,简单介绍一下实务中常遭遇的困难。第一,事实举证方面调查和举证的困难。第二,案件都比较复杂,往往持续时间很长,这可能是一个本质问题。第三,由于现在的经济犯罪往往会牵涉跨境的犯罪行为,造成事实调查或追偿款项的执行更为困难,还会牵扯到不同法律的选择适用问题,以上就是我们目前遇到的一些困难。

市场操纵案件民事赔偿机制

龙振海*

证券市场操纵行为是证券侵权行为的一类,在我国市场操纵行为的民事责任制度极为薄弱,中小投资者的民事索赔之路满是荆棘。欣慰的是在证券法学界,现在越来越多的人看到构建市场操纵案件民事赔偿机制的必要性和紧迫性,尽快建立完善的市场操纵民事赔偿制度已达成共识。

一、我国市场操纵民事赔偿司法现状

随着证券监管和处罚力度的不断加强,市场操纵案件查处数量持续攀升。市场操纵案件中不乏大案要案,涉案金额及被罚没金额更是触目惊心,如我国史上第一例操纵证券市场刑事案"私募一哥"徐某市场操纵案,2017 年 1 月徐某等人被青岛市中级人民法院判决犯操纵证券市场罪,被判处有期徒刑 5 年 6 个月,同时并处徐某罚金 110 亿元、王某罚金 10 亿元;鲜某操纵匹凸匹(多伦股份)被中国证监会罚没款 34.7 亿元;高某利用 16 个证券账户操纵精华制药,不仅罚没款近 18 亿元,更因其操纵账户之一涉及影视明星黄某某,引发媒体和舆论关注。这些案件不但造成了恶劣的市场影响,也对普通投资者造成巨大的经济损害。但是,我国对市场操纵行为的处罚主要是以行政处罚、刑事处罚为主,对于民事责任的承担几乎没有涉及,受其行为损害的普通投资者却索赔无路,或者即使提起民事索赔的诉讼程序,但都以败诉告终,目前我国尚无一名投资者因市场操纵行为获得民事赔偿的案例。总结这些案件,在市场操纵案件民事赔偿问题上,包括市场操纵行为认定、因果关系、受偿主体、赔偿主体、赔偿范围、损失计算等均成为诉讼难点和障碍。

二、市场操纵行为民事责任的构成

市场操纵行为人应当承担的是侵权责任,本部分即依据《侵权责任法》的规定对

* 中国证监会上海专员办副处长。

侵权责任四要件分析论证市场操纵民事责任的构成。

(一)市场操纵行为的认定

对市场操纵行为的认定应当从操纵者的意图、行为手段、行为后果对操纵行为进行认定。从操纵者的意图来看,操纵行为人的最终目的是获取利益或转移风险;从行为手段来看,可以分为四类,即基于交易的操纵、基于信息的操纵、基于行为的操纵及其他操纵手段,无论是哪种行为,行为人的手段都具有不正当性;从行为后果来看,操纵行为造成了证券市场上交易价格的波动,形成了虚假的交易价格或交易量。从构成要素来说,应当具备以下要素才是市场操纵行为:(1)前提——具备证券市场优势或影响力;(2)形式——滥用证券市场优势或影响力;(3)核心——证券市场行情的人为控制或影响;(4)结果——影响证券交易价格或者证券交易量。

(二)因果关系的认定

我国《证券法》第77条第2款只对民事赔偿责任进行了大概轮廓描绘,却未触及问题的核心——因果关系的认定。从目前既有的判例可以看出,各法院在认定因果关系上采用标准并不统一,观点各异。目前,理论界主流的观点有因果关系两分法、信赖推定原则、相当因果关系理论。因果关系无论是在法律领域之内,还是法律领域之外都是一个事实性的范畴,[①]这种事实性的范畴决定了因果关系的认定应当是一种事实的判断过程,因此,英美法系的因果关系两分法理论与大陆法系的相当因果关系理论不适用于市场操纵民事赔偿案件。我国的市场操纵行为民事赔偿案件可以借鉴美国的信赖推定理论来确定因果关系,信赖推定理论是一种因果关系的推定,这种推定有效地减轻了投资者的举证负担,简化了证券侵权中因果关系认定的复杂度。只要原告在操纵行为期间买卖了受操纵的股票,即可认为原告的损失与被告的操纵行为具有因果关系。

(三)主观过错及损害事实的认定

1.主观过错认定

操纵证券市场行为本身就排除了过失的主观状态。过失的"操纵"属于偶发性的行为,不具有社会危害性,不需要将其认定为操纵证券市场的行为,其民事责任也就无从谈起了。因此,操纵证券市场行为应具有主观过错,且一般表现为故意。

---

① 参见孙晓东、曾勉:《法律因果关系研究》,知识产权出版社2010年版,第131页。

2. 损害事实认定

侵权责任法主张“无损害即无赔偿”，即损害事实的存在是主张赔偿责任的前提与基础。在操纵证券市场民事损害赔偿案件中，损害事实应具有以下特征：第一，损害事实具有客观性；第二，被损害权益具有合法性；第三，损害事实应当具有可补偿性；第四，损害事实应当具有可确定性。

三、市场操纵行为民事责任的承担

上一部分民事责任的构成要件解决的是责任成立与否的问题，而本部分民事责任的承担则解决责任由谁承担、如何承担的具体问题。

（一）民事赔偿请求权人的认定

在明确追偿主体时，本文认为：第一，不应将投资者限定为“善意投资者”，理由是这样不利于保护投资者的合法权益，且善意也难以认定。第二，从规则的可操作性来看，应将追偿主体限定为在操纵期间进行交易的买方或卖方。这样有利于确定民事诉讼中原告的范围以及损失的界定，防止滥用诉权，造成诉讼资源的浪费。第三，从保护投资者、维护交易市场健康发展的角度考虑，追偿主体不应限定于直接利害关系人，还应考虑引入证券公益诉讼制度并适用于市场操纵民事赔偿纠纷领域。

（二）民事赔偿责任人的认定

《证券法》第 77 条规定的市场操纵主体十分广泛，任何人只要实施了操纵行为即为市场操纵主体。本文不再对行为人的类型进行过多阐述，仅对较有争议的问题进行介绍。

1. 共同侵权行为人的判定

共同侵权行为人的认定关键在于认定合谋，合谋意为通谋共议。在我国的证券市场领域，合谋的市场操纵行为主要表现可以分为四种方式：连续交易型合谋、约定交易型合谋、关联型合谋和协助型合谋。另外，前述共同侵权行为人并不包括一致行动人的侵权行为。

2. 实际受益人的责任

实际受益人是市场操纵案件中的特殊主体，在账户所有者的证券账户被第三人控制后，账户所有者因他人利用自己的账户操纵证券而实际地获得利益，因此，我们将这时的账户所有者称为实际受益人。实际受益人的责任承担需要结合其参与的程度来定,如果构成合谋,则为共同侵权人;如果不构成合谋,实际受益人不一定需要承担民事责任,但其出借账户行为都违反了行政监管规定,需承担行政责任。

(三)赔偿依据、范围及计算

1. 赔偿依据

目前,在《证券法》中原则性地规定了市场操纵行为造成投资者损害应当承担赔偿责任,给市场操纵行为损害赔偿责任的承担提供了法律依据。但对于行为人承担赔偿责任数额的范围、损失的计算方法,现行法律法规、司法解释均无明文规定。

2. 赔偿范围

各国、各地区的理论大多认为赔偿范围的界定最直接地应当体现民事责任的补偿性,如法国、德国等。另外,在中国台湾地区和美国针对内幕交易行为已存在惩罚性赔偿规定。在确定有关市场操纵行为的损害赔偿范围时,应当首先以补偿性赔偿为主,在被告主观恶性较大或获得的非法利益巨大的情况下,也可以进行惩罚性赔偿。

3. 损失数额的计算

市场操纵行为的损失计算应当以实际损失为主要的计算基础,具体包括:(1)实际损失的计算。实际损失的具体计算方式有“净损差额法”和“毛损差额法”两种方式。“净损差额法”认为行为人仅需赔偿因市场操纵行为因素所造成的损失,即证券之“真实价值”与“买价与卖价”之间的差额,至于其他部分,行为人不负赔偿责任。“毛损差额法”是将操纵行为结束后因其他市场因素造成的涨跌,均列入损害金额的计算。[①] 在市场操纵行为损害赔偿的计算中宜采用“净损差额法”。但“净损差额法”在实际运用过程中存在诸多难点,最为困难的一点即在于证券“真实价值”的认定。(2)实际损失法中“真实价格”的认定。对于证券损害赔偿案件的“真实价格”的认定,传统财务经济学专家多运用两种方式进行计算:一是指数比较法,又称真实价值不变法;二是事件研究法,又称价差不变法。指数比较法指的是真实价格是一个固定的数字,目前普遍采用一段合理时间的均价来认定证券的真实价格。事件研究法系被操纵股票的真实价格和市价之间维持一定程度的系数关系。本文认为,被操纵的证券的“真实价格”的计算应以事件研究法为基础,被操纵股票的真实价格和市场之间维持一定程度的系数关系;同时还要参考指数研究法中关于“一段合理时间”的确定,以市场操纵行为被揭露或公布后一段“合理时间”内收盘价的平均价或市场操纵

① 参见张玮心:《操纵证券市场的不法所得与损害赔偿计算》,载郭锋主编:《证券法律评论》(2017年卷),中国法制出版社2017年版,第364页。

行为实施前一段“合理时间”的收盘价的平均价作为参考基准价格。(3)实际损失法的修正。在市场操纵民事赔偿案件中,不仅有投资者因操纵行为而产生实际损失,也有操纵者因操纵行为而获得收益。在计算赔偿数额时,可以综合利用上述实际损失法和操纵获利法来认定,原则上采用实际损失法来计算投资者的损失,同时结合操纵者所获得的利润额来综合考虑是否需要采取惩罚性措施。(4)其他损失。关于投资者在证券交易过程中的其他损失,如交易佣金、印花税,聘请律师代理诉讼的支出等费用可以依据“最密切联系”原则确定这些费用是否包括在内。

四、市场操纵民事赔偿纠纷的救济途径

(一)市场操纵民事赔偿纠纷的诉讼解决

市场操纵等证券纠纷案件往往比较复杂、专业性强,受害人人数众多且分布广泛。对于这种群体性纠纷,各国一般采取区别于普通诉讼程序的群体性诉讼制度。我国《民事诉讼法》已经规定了我国的“集团诉讼”即人数不确定的代表人诉讼和公益诉讼,这并不同于域外的群体性诉讼制度,但在现行法律已经有可运用的诉讼模式前提下,最紧迫的是在不需要改变现有民事诉讼立法前提下,对我国市场操纵等证券民事赔偿纠纷诉讼模式进行改进,以期更适用现状。改进的方式包括以下三点:一是对《民事诉讼法》规定的人数不确定的代表人诉讼方式进行完善,使其更加适用于证券民事纠纷领域;二是扩大《民事诉讼法》等法律规定的消费公益诉讼范围,将其延伸到证券民事纠纷领域;三是适用单独诉讼审理模式,但是又超越单独诉讼模式,推行示范判决机制。

(二)市场操纵民事赔偿纠纷的非诉解决

1. 证券仲裁制度

对于市场操纵、虚假陈述民事赔偿纠纷可否适用于仲裁,我国现行法律法规没有明确约定。本文认为,市场操纵、虚假陈述民事赔偿纠纷可适用于仲裁程序。第一,美国证券仲裁制度确立了证券侵权纠纷的可仲裁性;第二,我国《仲裁法》除第3条所规定的行政争议以及身份争议等之外,所有平等主体的公民、法人和其他组织之间发生的合同纠纷和其他财产权益纠纷,均可以仲裁;第三,从保护投资者权益方面考虑,也应当保障证券赔偿侵权纠纷的可仲裁性。

2. 证券调解制度

在证券期货多元化纠纷解决机制中,调解是除诉讼外实践中运用最广泛的一种替代性机制。在目前相对成熟的虚假陈述民事赔偿诉讼中利用证券调解来解决群体性纠纷案例,已经有了良好的先例。“杭萧钢构案”就是其中的经典,该案在杭州市中级人民法院的主持下以调解方式得到较为圆满的解决。市场操纵行为同虚假陈述行为民事赔偿案件类似,案件涉及的原告会很多,利益牵涉面很广,社会影响很大,利用传统的诉讼、仲裁有时候并不能很好地实际解决纠纷,证券调解制度在恰当的时机使用,会更有利于纠纷的解决,更有利于保护投资者的合法权益。[①]

(三)市场操纵民事赔偿相关制度

证券诉讼前置程序虽然存在弊端,从法律理论上来说,民事诉讼的启动不应当以其他行政处理或刑事判决为前提,但是目前我们必须认识到,取消前置程序、直接受理各类侵权赔偿案件,对于证券市场的成熟度、法官的专业水平以及当事人的法律素质都有着很高的要求,现在来说难度很大。目前相应的司法解释应当对前置程序作相应调整,使其尽可能适应社会需要,待经过一定时间的实践和经验积累,前置程序可以考虑逐步放弃。另外,市场操纵案件中可以引进具有我国特色的民事诉讼专家证人制度,增加审判的专业性。

五、投资者保护机构的研究

(一)投资者保护机构概述

目前,在证券市场,中国证监会已经形成了“一体两翼”的投资者保护组织体系。其中,“一体”指的是证监会下设的投资者保护局,“两翼”分别指中国证券投资者保护基金有限责任公司(以下简称投保基金公司)和投服中心。投资者保护局作为中国证监会内设机构,负责证券期货市场投资者保护工作的统筹规划、组织指导、监督检查、考核评估等工作;投保基金公司近年来在引导证券先行赔付方面的成就引人瞩目;投服中心则在支持诉讼、持股行权、调解纠纷等方面履行职责。可以说,“一体两翼”在投资者保护方面分工明确。同时,由于投服中心作为中小投资者保护的专门机构,亦有支持诉讼和持股行权的实践经验,因而更可以发挥其在市场操纵、虚假陈述

① 参见郭文英、徐明主编:《投服研究》(第4辑·2018年),法律出版社2018年版,第172~173页。

等证券侵权纠纷中的重要作用。

(二)投服中心在市场操纵民事赔偿纠纷中的发展方向

1.依托证券支持诉讼方式逐步推行示范判决机制

由投服中心申请启动示范诉讼的具体模式可以是:由投服中心选取某一市场操纵行为引发的侵权赔偿纠纷,向受损失的投资者发布征集委托公告,投资者向投服中心递交材料证明其身份和损失,并签订委托协议,表明接受投服中心对示范原告的选择,将自身案件作为示范案件提交法院;征集委托期限届满后,由投服中心在已委托的投资者中选取具有典型性的投资者提请法院作为示范案件审理;法院裁定作为示范诉讼审理并进行公告,法院公告具有中断诉讼时效的效力,公告期内未授权给投服中心的投资者可以向法院申请权利登记,登记的权利人可以作为后续示范判决既判力扩张的基础。①

2.开辟新战场发挥在证券公益诉讼中的作用

投服中心 2017 年 6 月以海利生物公司章程的相关条款限制股东董事提名权,涉嫌违反《公司法》相关规定为由向上海市奉贤区人民法院提起诉讼并获得受理,这既是投服中心首次以股东身份开展诉讼起诉上市公司,也是投服中心在开展四例支持诉讼后,开辟证券公益诉讼“新战场”。②

3.发挥调解优势打造全国证券期货纠纷调解中心

截至 2018 年 8 月底,投服中心共登记纠纷案件 6621 件,受理 4262 件,调解成功 3175 件,调解成功率 74.5%,获赔的和解金额共计 6.71 亿元,普通调解案件登记数、受理数、成功数及获赔金额均占系统内纠纷调解比例的 50% 以上。作为全国唯一的全市场、全领域和全功能的证券纠纷调解机构,投服中心已成为国内证券纠纷调解的主渠道。审视至市场操纵民事赔偿案件,投服中心可以继续发挥其调解的优势,同时将其调解方式和诉讼方式充分衔接互补,为在市场操纵案件中受损的中小投资者提供充分有效的权益保护。

---

① 参见郭文英、徐明主编:《投服研究》(第 3 辑·2018 年),法律出版社 2018 年版,第 117~122 页。

② 财新记者:《投服中心首次股东诉讼状告海利生物反收购条款违法》,载财新网:http://finance.caixin.com/2017-06-30/101107796.html,最后访问日期:2018 年 11 月 30 日。

六、完善我国市场操纵民事赔偿机制的建议

(一)最高人民法院出台专门的司法解释

1.责任构成

本文建议司法解释将市场操纵行为界定为特殊侵权行为,按照前文论述的构成要件对市场操纵民事责任构成要件进行规定,并适用过错推定归责原则和因果关系推定。

2.责任承担

(1)请求权人的确定。司法解释在《证券法》第77条的基础上还应当对原告资格做进一步的细化,以便于实务操作。第一,原告应限定于在操纵期间进行了交易的投资者。第二,原告不应要求具有善意。第三,原告应不限于直接利害关系人。

(2)责任人的确定。市场操纵民事责任的承担者应当是实施了市场操纵行为的操纵行为人,任何自然人和单位均可能成为市场操纵行为人。前文对于共同侵权行为人的认定和承担也予以了说明,司法解释还应着重对市场操纵行为人通过其实际控制或使用的他人证券账户来实际操纵,这些被利用的证券账户的所有人是否构成共犯的情形进行明确。

(3)举证责任的分配。在市场操纵民事诉讼中,原告应承担的举证责任包括以下几点:首先,存在侵权行为人,即明确的被告;其次,行为人实施了操纵行为;最后,原告发生了损害事实。相对地,被告应承担的举证责任包括以下几点:第一,自身没有过错;第二,没有实施侵权行为;第三,本人的操纵行为与原告损失直接没有因果关系等;第四,免责事由。

(4)损害范围及具体计算。考虑到投资者损失与行为人实际收益不对等情况存在,应当坚持以投资者的实际损失为主,同时在操纵行为人的主观恶性较大或者非法收益明显大于投资者损失时,操纵行为人或者责任人的民事赔偿责任的范围不受限制的惩罚性赔偿原则。关于投资者损失的具体计算,投资人实际损失包括投资差额损失和投资差额损失部分的佣金和印花税。投资人的投资差额损失,应当先选取一个基准期间或基准日,涨跌幅为大盘涨跌幅或行业涨跌幅,参考虚假陈述的司法解释选取30个交易日,可以考虑分别按下列情况确定:第一,市场操纵行为结束后未及时揭露或更正,应当以市场操纵行为发生日前一定时间(30日)为基准期间,以这30个

交易日平均价格为基准价格。第二,市场操纵行为结束后及时揭露或更正,依据市场操纵行为揭露或更正日后一定期间(30 日)为基准期间,以这 30 个交易日平均价格为基准价格。

3. 程序完善

第一,完善过渡期内诉讼前置程序;第二,逐步推行示范判决机制;第三,完善人数不确定的代表人诉讼;第四,引入证券公益诉讼。

4. 配套机制

第一,明确市场操纵的认定标准。提高《证券市场操纵行为认定指引(试行)》的效力层级,新修改《证券市场操纵行为认定指引》应当对市场操纵主体、操纵手段、操纵意图、操纵结果等方面进行合理界定,并对常见市场操纵类型的认定标准予以明确。第二,建立科学预防机制。深化投资者教育,证券交易所实时监控证券交易,及时发现、提前警示市场操纵违法行为。事后处罚包括对市场操纵行为及时调查、处罚并进行追责,加大操纵行为人的违法成本,形成宽进严管的监管模式。

(二)市场操纵民事赔偿制度的远期展望

1. 保障民事赔偿优先制度的实现

现阶段最高人民法院、最高人民检察院、中国证监会、财政部等部门联合出台规范性文件,对行政处罚、刑事罚金、民事赔偿发生责任竞合情形下民事赔偿优先承担作出具体规定,从而为司法实践提供法律依据。虽然行政处罚和刑事罚金先于民事赔偿得到执行,但如果能够建立行政罚款和刑事罚金暂缓入库或申请退库或回拨制度,投资者的损失也能得到有效弥补。

2. 证券投资者赔偿基金的构想与完善

对投资者来说,证券投资者赔偿基金可以更好地落实民事赔偿优先原则,我国可以设立证券投资者赔偿基金制度,借助赔偿基金弥补投资者权益。

(1)明确资金来源。本文建议明确规定资金来源是市场操纵行为人、违法上市公司等相关主体的行政罚没款及刑事罚金,根据我国《证券法》第 234 条等相关规定,由于相关责任主体从事了证券违法犯罪行为后所承担的罚没款项均应依法进入国库。如果要将这部分款项用于补偿投资者民事赔偿款用途,就需要对相关法律条款予以调整,以解决这些款项用于赔偿投资者的路径和用途合法性问题。

(2)基金形式。本文建议基金形式应采用“一案一设”的形式,即将某一违法案件所收缴的行政罚没款及刑事罚金建立专项基金,用该基金对该案违法行为所涉及的投资者进行赔偿。

(3)管理主体。本文建议可选择由投服中心来担任赔偿基金管理主体这一角色,一方面,投服中心自身定位就是以中小投资者需求为导向,这与赔偿基金保护中小投资者合法权益的定位是一致的;另一方面,投服中心的主要业务就是持股行权、纠纷调解、诉讼与支持诉讼、投资者教育等,投服中心具备前期赔付和后期代位索赔的专业能力和实力。

(4)赔付对象。本文建议赔偿基金的赔付对象以受到市场操纵等证券违法行为侵害的普通投资者为限,不包括专业投资者。普通投资者与专业投资者的划分可以参考《证券期货投资者适当性管理办法》的规定。

首单操纵证券市场民事赔偿支持诉讼案件实践

——基于"恒康医疗案"

程晓鸣* 周文平**

一、"恒康医疗案"简介

(一)案件背景介绍

2017年8月10日,中国证监会《行政处罚决定书》(〔2017〕80号)认定恒康医疗集团股份有限公司(以下简称恒康医疗)控股股东及实际控制人阙某某与上海蝶彩资产管理有限公司(以下简称蝶彩资产)、谢某某合谋,利用作为上市公司控股股东及实际控制人具有的信息优势,控制恒康医疗密集发布利好信息,人为操纵信息披露的内容和时点,未及时、真实、准确、完整披露对恒康医疗不利的信息,夸大恒康医疗研发能力,选择时点披露恒康医疗已有的重大利好信息,借"市值管理"名义,行操纵股价之实。根据《行政处罚决定书》认定的事实,从2013年5月9日起至7月4日阙某某完成减持"恒康医疗"股票的期间(以下简称操纵期间),蝶彩资产及谢某某向阙某某提出一系列"市值管理"建议,阙某某通过实施部分"市值管理"建议,操纵恒康医疗股价。

---

* 中证中小投资者服务中心公益律师、上海市上正律师事务所主任、恒康医疗案代理律师。

** 上海市上正律师事务所合伙人、恒康医疗案代理律师。

操纵期间,恒康医疗股价累计上涨 15.52%,同期中小板综指累计下跌 0.80%,偏离 16.32 个百分点;同期深证医药行业指数累计下跌 3.11%,偏离 18.63 个百分点。该案系证监会首例、仅因单一的信息披露操纵行为(没有连续交易配合)对上市公司实际控制人作出操纵市场定性并处罚的案例。

(二)操纵市场民事赔偿纠纷的立法现状

根据《证券法》第 77 条第 2 款之规定,“操纵证券市场行为给投资者造成损失的,行为人应当依法承担赔偿责任”。2005 年 12 月发布的最高人民法院《关于当前商事审判工作中的若干具体问题》对于操纵市场的民事审判业务也只是原则性地提及,“立案受理时不再以监管部门的行政处罚和生效的刑事判决认定为前置条件;实体方面要正确理解证券侵权民事责任的构成要件;纠纷可通过建立诉调机制进行解决”。

2019 年 7 月 1 日起施行的最高人民法院、最高人民检察院《关于办理操纵证券、期货市场刑事案件适用法律若干问题的解释》对操纵证券、期货市场的刑事责任进行了细化,但民事责任方面仍未细化。

二、市场操纵类型案件原被告主体资格的认定及管辖

(一)原被告主体资格的确定

1. 原告主体资格

证券法中的民事责任必须是违反了证券法规定的义务而产生的侵权损害赔偿责任。根据我国《证券法》第 77 条第 2 款的规定,“操纵证券市场行为给投资者造成损失的,行为人应当依法承担赔偿责任”,故本类纠纷的原告为投资者。

我们认为,若投资者买卖该证券时的价格受到操纵影响且尚未结束,则其具有原告资格;若投资人买卖该证券时,该证券未受操纵影响或操纵影响已经结束(操纵股价结束之日并没有使股价回归“真实”,需要拟制一个“基准日”作为股价回归“真实”之日),则其不具有索赔资格。

在“恒康医疗案”中,投资者系在被告操纵股价开始实施日至操纵股价行为结束日期间买入并卖出股票,并不涉及操纵结束之后买卖股票的行为,情况较典型。

2. 被告资格的确定

根据《中国证券监督管理委员会证券市场操纵行为认定指引(试行)》第 5 条的规定,“任何人直接或间接实施操纵行为,均可认定为操纵行为人”。故本类纠纷的被

告为直接或间接实施操纵证券市场行为的人。《侵权责任法》第8条规定,"二人以上共同实施侵权行为,造成他人损害的,应当承担连带责任"。在实践中,若投资者只起诉部分侵权行为人,被告申请追加其他侵权行为人的,法院是否应当追加其他行为人,不同法院具有不同的意见。

我们认为,共同侵权人作为共同诉讼人参加诉讼,有利于问题的彻底解决,但现实情况错综复杂,可能出现共同侵权人不在同一地、部分侵权人下落不明、没有财产等情形,为及时充分地维护自己的权益,受害人往往先选择起诉部分侵权人。《侵权责任法》第13条规定"法律规定承担连带责任的,被侵权人有权请求部分或者全部连带责任人承担责任"。因此,投资人有权起诉请求部分侵权人承担责任,而不是必须追加其他侵权人为共同诉讼人。

本案为二人以上共同侵权行为,但投资人仅起诉了其中一人,未将其他人列为共同被告。随后,被告申请法院追加其他侵权行为人,C市中级人民法院同意了被告请求,但因无法联系到其他被告,法院采取公告送达。

(二)管辖法院

现有法律规则并未明确规定操纵证券市场民事诉讼的级别管辖。我们认为,操纵证券市场案件具有专业性较强、涉及面广的特点,属于"在本辖区有重大影响的案件",由中级人民法院管辖更加适宜。

本案中,被告提出管辖权异议,向法院申请应按标的额将案件移送至基层法院管辖,我们认为,本案由C市中级人民法院管辖更为合理,理由如下:首先,本案系在C市有重大影响的案件。2018年1月19日,中国证监会发布"2017年证监稽查20起典型违法案例",其中,本案为典型案件之一,且本案是首例在操纵期间内仅利用信息披露而没有配合连续交易即被认定为操纵证券市场的案件,又因被告阙某某住所地在C市,其操纵股票行为属于在C市有重大影响的案件。其次,操纵证券市场案件专业性较强,涉及面广,属于新类型的案件,上级人民法院可自行决定由其审理。根据最高人民法院《关于调整高级人民法院和中级人民法院管辖第一审民商事案件标准的通知》(法发〔2015〕7号)的规定,"五、对重大疑难、新类型和在适用法律上有普遍意义的案件,可以依照民事诉讼法第三十八条的规定,由上级人民法院自行决定由其审理,或者根据下级人民法院报请决定由其审理"。

C市中级人民法院驳回了原告提出的管辖权异议,认为被告操纵恒康医疗股价期间,买入恒康医疗股票的投资者人数众多,涉及金额较大,社会影响范围广。此外,本案系全国首例操纵证券市场民事责任纠纷案件,由中级人民法院审理更方便,最高人民法院、S省高级人民法院对此类案件的业务指导和监督,并及时总结新类型证券民事纠纷案件的审判经验。因此,本案由C市中级人民法院管辖更适宜。被告不服,提出上诉,S省高级人民法院亦驳回其管辖权异议。

三、市场操纵行为导致投资者损失的因果关系

证券操纵市场违法行为的主要侵害方式是行为人利用资金优势、持股优势或者利用信息优势等手段操纵证券交易价格,使股票的交易价格严重偏离该股票的真实价值或真实价格。由于操纵市场行为的存在,致使股价在操纵期间异常,投资人因在此期间交易的股票价格与股票未被操纵状态下的“真实价格”之间的差值而带来的亏损,即为损失。证券市场操纵行为人应就投资者在其操纵该股票期间(或之后适当时间内)因股票价格被操纵而多支付的交易成本进行民事赔偿,但“基准日”之后,无论投资者如何交易股票,抑或是继续持有股票,因操纵行为影响已经结束,投资者因买卖或持有该股票遭受的其他经济损失,与行为人操纵行为无关,应属合理的投资损失,根据因果关系原理不应在赔偿范围之内。

因此,在本案中,原告的损失可以十分清楚地确定为:由于被告的市场操纵行为拉高涉案股票股价,使原告在此期间买入涉案股票,比正常情况下(未被操纵情况下)买入多支出的价款。这种损失确认方式区别于内幕交易案件,简单依据原告在此期间投资该股票买卖价格相抵后的盈亏的法律逻辑和因果关系,也最符合市场操纵行为侵权的特征和危害后果。

四、市场操纵类型案件投资人损失计算的方法

若简单参照虚假陈述的损失计算方法,不仅不能区分不同种类违法行为的损害特征,而且不符合“因果关系”的侵权责任原理,更无法充分发挥惩治扰乱证券市场秩序行为的作用。

理论界及其他国家、地区的司法实践主张通过拟制的“真实价格”计算损失。操纵市场的直接后果是使股票的交易价格严重偏离其真实的市场价,通过对股价进行拟制还原,得出因操纵而偏离部分的股价差额。我们认为,操纵市场的违法行为造成

了股价偏离真实的市场价,使投资者额外承担了被操纵后的股价与“真实价格”之间的差额部分,行为人应赔偿因其操纵行为所直接导致的投资者损失,即证券“真实价格”与“买价或卖价”之间的差额。因此,使用拟制的“真实价格”计算净损差额并以此判定投资者的损失较为合理。

关于拟制的“真实价格”,主要有以下三种做法:一是采纳平均价格法,即真实价格的认定以操纵行为揭发后一定日期内该股票之平均价格来计算;二是采纳公司经营法,即以公司的经营状况来计算股票的真实价格;三是采取操纵行为开始之前被操纵股票前10个交易日内的平均收盘价格作为“起始价格”,并结合被操纵股票的同行业股价在操纵期间的涨跌幅系数。我们认为,平均价格法中,操纵市场对操纵期间结束后的股价仍有波动影响,仅选取操纵行为揭发之后一定日期内的股价计算出的平均价格无法真实反映股票的“真实价格”;公司经营法虽然从理论上有一定的可行性,但忽略了系统风险等因素,且公司实际经营状况无法精确作出判断,且计算方式复杂,故而此种方法可操作性不强;第三种观点引入了“起始价格”概念,加之同行业股票涨跌幅的系数,以宏观视角和微观视角综合考量,更能公允反映被操纵股票的“真实价格”。但我们在参照我国相关金融法律法规制定的衡量标准之后,认为“真实价格”应以操纵行为开始之前20个交易日的平均收盘价作为“起始价格”,并把同行业指数每个交易日的涨跌幅作为参考系数。同时,《侵权责任法》第19条规定:“侵害他人财产的,财产损失按照损失发生时的市场价格或者其他方式计算。”我们认为拟制的“真实价格”就是投资人财产遭受损失之时的合理市场价格。结合本案,我们认为恒康医疗股价被操纵期间应先计算股票的“起始价格”,再选取权威性的同行业股价指数每个交易日的涨跌幅作为参考系数,进而计算出恒康医疗被操纵期间的“真实价格”。

综上所述,我们认为,在市场操纵行为结束之后,股价会根据市场的规律回归或接近回归正常水平。操纵行为实施之日至“基准日”期间(以下简称可索赔期间),股价受操纵影响,在此期间买卖股票受到损失的,投资者有权索赔。按照上述的计算方法,将投资者在可索赔期间买卖该股票的价格,与可索赔期间股票“真实价格”进行比较来计算投资者的实际损失。

首先,计算每笔交易的投资差额,即可索赔期间单笔交易价格与拟制“真实价格”之差乘以股数。其次,计算操纵区间内投资者所有交易的差额总和。如果计算结果表明投资者获利,无索赔资格,反之可索赔,索赔金额即为差额总和的绝对值。该“真实价格”为拟制的真实价格,即没有操纵行为情况下的股票正常价格,具体计算公式如下:真实价格=起始价格×(1+行业涨跌幅)。结合本案,为了最大限度地体现操纵开始前股票的真实价格,选取了恒康医疗操纵行为开始日前20个交易日收盘价的均价作为起始价格,行业涨跌幅选取了操纵期间行业板块指数"申万中药三级"每日的涨跌幅(申万指数是由申银万国证券研究所编制的反映市场股价变化的以辅助投资为主要目的指数,在行业具有权威性、指导性),从而计算出操纵期间每笔交易的"真实价格"。

中国台湾地区"证券投资人及期货交易人保护中心"经验分享二

林俊宏[*] 黄建中[**]

目前中国台湾地区的证券诈欺案件共200多件,其中操纵股价案件大约80件,目前取得胜诉判决27件,败诉15件。其实整个实践的经验也是一个逐步摸索、调整、试错的过程。所以我之后就简单地跟各位报告中国台湾地区证券诉讼的发展情形,与思考逻辑,包括如何去计算损害、相关法律问题,即最核心、也最容易产生争论的一些问题,以及在实务上是如何解决的。

一、中国台湾地区关于操纵市场民事赔偿责任之规范

(一)实体规定

关于实体的规定。有关操纵股价规定在中国台湾地区"证券交易法"第155条,其规范的操纵行为包括连续高价买进、低价卖出,或是制造交易热络的假象,比如,冲洗买卖、相对成交,或者散布不实消息,最后再加上概括的规定,从而将整个操纵股价行为规范起来。并规定了相应的民事赔偿责任,同时我们也认为这是一个侵权行为,规定为中国台湾地区"民法"的第184条,第185条则是共同侵权。目前在台湾地区,我们初步认为它是一个特殊的侵权行为,而这两个请求权应该会同时成立,如何选择适用其实是个问题,后面我再跟各位进行报告。

(二)程序规定

程序方面的规定如同前述,在中国台湾地区"证券投资人及期货交易人保护中

---

* 中国台湾地区"证券投资人及期货交易人保护中心"法律服务处处长。
** 中国台湾地区"证券投资人及期货交易人保护中心"法律服务处组长。

心”(以下简称“投保中心”)成立之前没有人打这样的官司,因为种种原因,无人愿意支付如此高昂的成本打这么复杂的官司,后来则是用台湾地区“证券投资人及期货交易人保护法”(以下简称“投保法”)第 28 条进行团体诉讼。实际做法就跟之前介绍的一样,简单来说就是由“投保中心”进行团体诉讼,主张相关的实体法请求权。台湾地区并没有前置程序,理论上只要有投资人受损害,可直接到法院起诉,由民事庭法官进行审理。虽然说没有规定的前置程序,但实质上团体诉讼的启动绝大部分是经过检察官,即公诉人起诉的案件,相对比较容易认定事实、犯罪期间及明确请求权,所以虽然形式上没有前置程序,但实质上是检察官起诉在前,民事责任在后,这是基本的情况。

另再补充有关案件的评估,“投保中心”会把认为得受理的投资人范围,包含损害计算和填写的表格,全部公告在网页上,投资人无论是通过网路或券商知道这些讯息,都可到“投保中心”进行登记,正常的登记时间为 1 个月左右。不同案件中投资人数量也不同,有的是几十人,有的是几千人,都有可能,而案件大小、股性活泼程度、股东数量多少、操纵时间长短等都会影响投资人登记的数量与请求金额的大小。

(三)善意投资人之认定

在介绍法律问题之前,先补充说明刚才提到的“投保中心”受理的投资人,即善意投资人要如何界定?其实在台湾地区目前的实务认定相对是比较简单的,只要投资人不知道即可,即只要不知道当时存在操纵行为而进行买卖,就认为是善意投资人。而且在受理的过程中,推定投资人是善意的,除非从犯罪事实里看出他是被利用的、投入参与不法行为的,或提供账户等,否则我们先推定他是善意。被告如果不认同,可以提出抗辩。

二、操纵市场民事赔偿之相关法律问题

其实事实问题是最麻烦的。但由于“投保中心”是通过检察官,即公诉人的事实认定进行诉讼,所以先暂时略过认定事实问题,直接讨论法律问题。法律问题中最核心的两个问题分别是因果关系及损害计算。

(一)因果关系

因果关系目前在台湾地区实务中分两个层次,分别是“交易的因果关系”与“损失的因果关系”。这与传统的相当因果关系实际上是不完全一样的,但在某些方面其

概念是可以相互借鉴或存在雷同的。交易的因果关系,当时也是参照英美法针对证券诉讼所做的因果关系分析的论理逻辑,通过诉讼进行主张,最终获得了法院认可。损失的因果关系则是投资人的价差损失要能够被证明是操纵行为所导致的,我觉得交易的因果关系有点像是相当因果关系中前面的条件判断部分,即如果没有操纵行为则投资人就不会买卖股票,至于损失的因果关系则有点像是相当性的判断,也就是价差损失与操纵行为可以认为是存在一个相当性的联结。早期在台湾地区还会有人用相当因果关系进行分析,但目前比较多的就是援引交易的因果关系与损失的因果关系的分析方法,进行因果关系论证。以上就是因果关系的层次。

1. 交易因果关系

至于交易的因果关系,在台湾地区目前的实践中相对比较单纯,是通过推定来认定的。推定的主要理由有两个。第一,参考美国证券诉讼实务、证券诈欺诉讼中的诈欺市场理论。简单概括而言就是投资人在相信市场价格的基础上进行买卖,是信赖市场才进行买卖,行为人操纵市场价格就是欺骗市场,等同于欺骗了投资人,所以交易的因果关系可以进行推定,因为投资人相信市场是公平反映价格的,所以操纵市场相当于误导了投资人。第二,关于举证责任的分配,本来举证责任可由审判者根据事件性质进行调整,必要的时候可以举证责任倒置,进行举证责任的分配。因为我国台湾地区"民事诉讼法"也有相关的规定,所以有实务判决认为,如果投资人知道股价被操纵,则不会进行买卖,正常情况下有谁会去针对已在被操纵的有价证券进行买卖呢? 正是因为不可能,所以应该举证责任倒置,既然行为人有操纵行为,所以信赖的举证责任应该倒置,由被告证明不存在信赖的因果关系,这是目前实务上曾经发生的情况。但既然是倒置,理论上就可以反证推翻,所以在台湾地区,实务上也有很多被告会要求传投资人,直接讯问其到底有没有相信股价、有没有信赖市场等。但是这样的传讯在实务上大多只要法院问"你如果知道有操纵行为,还会不会买进这张股票?"大部分投资人都表示不会,如此因果关系联结就建立起来了。所以现在被告基本上也不见得会传讯投资人,因为大家都知道结果。

2. 损失因果关系

损失的因果关系争议性就比较大,目前通说也是推定损失因果关系。下面我也引一个中国台湾地区法院的见解,简单来说就是根据市场的特性,不法行为与投资人的损害应有高度密切的关联,由于市场运作的特性,市场是反映股价的,股价下跌,由于操纵造成损失,应认为有所谓高度密切的关联,若要逐一精确证明,不仅存在技术上的困难,而且本质上也没有必要。所以直接推定是目前比较多的判决采取的见解。当然,有的法院是要求原告举证,则原告举证的困难就非常大。应该如何举证?如何举证操纵行为与价格损失存在的联结?比较常用的论证方式是操纵行为结束后,股价应声下跌,若以操纵向上的类型来看,本来股价在一个位置,因为后续没有操纵了,价格下跌,重挫,好像因果关系可以成立,又或者是消息爆发的时候股价下跌,但这些其实在每个案件中都不一样,有时市场效率高,在接到消息之前股价就有所反应,有时市场效率低,接到消息之后,好像也没有明显下挫,市场情形不太一样。因此,对原告来说,要证明损失的因果关系,的确是相当大的负荷。在台湾地区,反倒是在虚假陈述案件里这个问题比较明显,在操纵股价的案件中,法院大多会推定交易因果关系以及损失因果关系。

(二)损害计算方式

损害计算分两种方法:一个是毛损益法,另一个是净损益法。这也是在台湾地区曾经采取的两种可能的计算方法。

1. 毛损益法

毛损益法,简单概括就是以买价减卖价,比如,买的是10元,现在是2元,1张股票的损失就是8元,其内涵就是既然行为人操纵股价,则应该承担投资人所有的损失,因为若无操纵行为,投资人又怎么会受到这些损失呢?投资人根本就不会买入股票,这是这种计算方法的构成逻辑。但是,把市场涨跌的因素归属于被告的确是会产生争议。再者,毛损益法会产生一个问题,如果投资人的股票一直持有没有卖出,持有2年、3年、5年没卖,股价一直在变动,则损害是否也在变动?甚至若经过10年股价上涨,是否变为没有损害?因此,毛损益法虽然简单、容易操作,但理论上也存在可能不易说理,以及执行、技术上的困难,所以目前比较多采行的是净损益法。

2. 净损益法——真实价格的拟制

净损益法概括来说就是计算投资人买价跟真实价格的差价,真实价格就是理论上排除市场因素,剩下的真正价格就是投资人本来应该交易的价格。

接下来介绍一下净损益法,以及实务上的操作顺序。刚刚所提到的第一个是拟制真实价格,算价差,则关键就是拟制真实价格。中国台湾地区目前实务上曾经出现的几种方法,其实大概都是用市场交易的平均收盘价来拟制真实价格,理由就是要计算出真实价格,通过市场似乎是较佳的方法。美国曾经使用过寻找财务专家进行计算,我们也曾经咨询专家进行研究计算,会造成原告找财务专家计算出一种价格,被告找财务专家计算出另一种价格,到高等法院再计算又是一个不同的价格,真实价格存在变动,所以找专家来计算价格,牵涉立场、采用的参数不同,会有不一样的结论,或者说可能很难做一个通盘的主张。所以,我们后来想到一个比较简单的方式,就是用操纵行为不存在时,市场自然形成的一个价格,或许用这种方法来拟制真实价格,会是一个相对比较可行的方法。因为当没有操纵行为时,市场经过大量竞买竞卖,原本呈现的交易成交价,或许用它来拟制价格比较合理。从这个逻辑出发,变为用操纵行为开始前 10 天或结束后 90 天收盘平均价加上如同类股涨幅或跌幅等来做整体价格的拟制。做法在每个案件中不一样,至于为什么会有的时候采用前 10 天,有的时候采用后 90 天,是因为每一种股票或每一次操作行为中股价变化不一样,硬性都用前 10 天或后 90 天可能会产生不容易梳理的地方,所以我们曾经采取不同的拟制方法,应案调整。但最近,我们比较多的采用前 10 天的均价,相对比较简单,但是并不是一个 100% 固定的模式。

3. 净损益法——价差计算

拟制完真实价格之后,就是计算价差,如何计算价差?投资人在操纵期间买进的损害如何计算?有两种算法,一个是要配对,另一个是不用配对。早期我们采取的是配对的净损益法,后面采取的是纯粹的净损益。配对净损益法,简单概括就是说对于投资人的价差,理论上是如果操纵期间内买入,操纵期间内又卖出,就把这部分股票消掉,因为买入时是被误导的价格,卖出时也是被误导的价格,都是被虚增、抬高的价格,所以这里两相抵消,进行排除,不计入求偿的交易范围。就是把操纵期间内买入又卖出的部分消去后,剩下部分的才是适格的可求偿的交易。这是配对净损益法,其基本的出发点是,都是操纵期间内买入又卖出的,直接互相消掉,剩下的就是操纵期间内买入的,一直到最后才卖出的或是一直持有的,才算为可求偿的部分,这是第一步。第二步就是确定了适格交易后,就以买价跟真实价格的价差来计算每股的损害,累加起来就是损害金额。所以这其中有一个配对的概念,期间内买卖进行抵消,但这是早期的一个做法,即配对净损益法。

再来是纯粹净损益法,纯粹净损益法比较简单,因为实际上有时候配对并不容易,譬如说如果先融券卖出,再回补,那是否要受理?以前的配对都是先进先出,先买入后卖出进行配对,可若是通过融券先卖出再买入,则这种类型中就可能无法进行配对,类似这种情形并不容易操作,而且好像把投资人买入和卖出直接排除、剔除为不适格,也不太合适,所以后来我们采取的是纯粹净损益法。纯粹净损益法,简单概括就是跟刚刚专家所提到的一样,即真实价格为准,买入价格高于它就是买贵了,卖出价格高于它就是赚到了,所以就是买入价格减真实价格,卖出价格减真实价格进行两相抵消,如果还有损失,就是投资者在操纵期间内的损失。也就是说,每一张在操纵期间内买进的股票都是适格交易,都可以计算相应的损害。从法律逻辑来说,我们的解释是所有交易都是适格的,其与真实价格之间的价差就是受到的损害,但如果操纵期间内有卖出行为,也是因为行为人的操纵导致卖出价格变高,也是由于同一个操纵行为获得利益,所以就进行损益相抵,这是基本的逻辑。因此,这种计算方法不仅简单,而且容易操作,唯一的也是最大的困难就是真实价格的拟制,这的确是非常核心的问题点。当然,目前在台湾地区实务中大概就是前面介绍的这几种拟制方法,但这个方法的确仍有很大的讨论空间。

(三)请求权竞合

接下来分享两个在实务的执行过程里,我觉得以后也必须要细致化、精细化的法律问题。首先,请求权竞合的问题。刚才提到了中国台湾地区“证券交易法”中有请求权基础,民法侵权行为中有请求权基础,这两个请求权到底是什么关系?是特别关系?还是请求权竞合择一适用呢?目前,台湾地区多数认为可以择一适用,但是,虽然可以择一适用,却也会面临如何选择的问题。目前我们认为,台湾地区“证券交易法”中的请求权基础多是源于美国的证券诈欺诉讼,援引其所谓的交易因果关系推定而产生,所以在使用中国台湾地区“证券交易法”中的请求权基础时,在认定因果关系中会主张可以推定,但是中国台湾地区“最高法院”认为侵权不能进行推定,又回到一般侵权行为的论理法则,是要求原告进行证明,故其不能够进行推定。所以因果关系认定在两个请求权中产生了不同的地方,各位可能说那就用中国台湾地区“证券交易法”的请求权即可,但要如何处理连带责任的问题?因为只有侵权责任中才有连带责任,而中国台湾地区“证券交易法”中并没有连带责任。如果缺乏侵权行为法的请求权基础,是否可以适用连带责任?在台湾地区就产生这样的争执、争议。在原告立场上,这当然可以,既然由于市场特性使因果关系特定,同时有多人侵权,应该可以适用连带责任而且推定因果关系。但是,在我们实务界中,现在却产生了一个请求权基础可以推定因果关系,没有连带责任,另一个请求权基础不能推定因果关系,但可以适用连带责任,要我们选那么应如何选?其实这就大费周章了。

(四)同时涉有数种证券诈欺类型

另一个问题就是,如果台湾地区要发展证券诉讼,也可能会产生类似的问题,即同时涉及多种证券诈欺类型,可以分为两种。第一,同一个人可能同时有财报不实行为,在期间内又操纵股价,这是可能发生的,而且应该也不会少见。他既然进行了虚伪的交易,不反映在财报里,同时也在市场买来买去,操纵股价,则在这种情况下,投资人的损失、请求权基础或损害计算要如何做?在台湾地区操纵股价与虚假陈述的损害计算方式不见得一样,当两个混在一起时,针对同一个行为人,损害计算方法要如何选择?这是第一种情况。第二,同一时间内有不同集团进行操纵,或不同集团内有人进行操纵,有人进行内线交易,还有人进行虚假陈述,当有这样的情形混在一起时,一方面,会不会影响因果关系的认定?在台湾地区,就有实务界认为由于已经有人进行虚假陈述,所以投资人的损害是导因于虚假陈述,与操纵股价之行为人无关。所以在这些个案里因果关系的认定就有可能产生争议,尤其是被告律师都会进行这样的主张。另一方面,如果说为了节省诉讼资源,在一个诉讼里一起诉讼,还会面临诉讼声明如何写的问题。因为一起进行诉讼,则在诉讼声明中要明确具体主张被告到底是谁、要付多少钱、损害计算方式是否相同、谁与谁连带、谁与谁不连带或是不真正连带。这些都是如果我们继续往下做,面临所谓的诉由、不同类型请求权基础混杂在一起的情形时,在技术面需要去处理的问题,这在台湾地区其实还有一些细致化的路要走,这里提出来给大家做参考。

简评股东集体诉讼

张　巍*

一、集体诉讼的目的

在股东人数众多的上市公司中,无论是因为管理层违反信义义务,还是因为证券欺诈,虽然股东作为整体会遭受巨大损失,可是对单个股东而言,其遭受的损失只是其中的极小一部分,绝对数额往往也微不足道。另外,股东个人要提起违反信义义务,或者证券欺诈诉讼,其所需负担的成本却可能很高,尤其是举证成本。如此,单个股东权衡起诉的利弊,通常都会选择不起诉,于是,相关的违法行为也就得不到惩戒。这是典型的集体行动(collective action)问题——股东个人要承担全部的诉讼成本,

* 新加坡管理大学法学院助理教授。

却只分享很小一部分诉讼利益,因此,人人都等待他人提起诉讼。

集体诉讼机制的目的正在于克服这种集体行动问题,它由某一位(或者数位)股东作为代表,代表全体股东聘请律师提起诉讼,其他股东不必重复承担诉讼成本,却可按持股比例分享诉讼引发的赔偿。这种聚沙成塔的机制令诉讼的整体收益超过整体成本,从而使起诉成为可能。再加上风险代理机制(contingency fee),作为代表提起诉讼的股东实际无须负担诉讼成本,若败诉则成本由其律师负担,如果胜诉则可以享受一些利益。这样就会出现愿意充任原告代表起诉的股东了。

二、集体诉讼的问题

(一)小公司无人起诉

美国式的集体诉讼机制本质上是利用股东——尤其是股东的律师的趋利之心来组织上市公司众多的股东,解决他们面临的集体行动问题。原告及其律师只有在预期诉讼可以带来正收益,即赔偿金额高于诉讼成本之时,方才会愿意提起诉讼。

然而,起诉、举证、和解或者庭审等诉讼过程涉及的成本往往相对固定,不会随案件可能带来的赔偿金额大小而出现明显变化。其中一个重要原因是公司、证券诉讼适用的法律和程序并不会因为潜在赔偿数额的大小而不同。这样,面对大体相当的诉讼成本,原告及其律师选择起诉的往往都是有可能获得较高赔偿的案件。与大公司相比,小公司支付赔偿的能力显然要弱得多,即便其被判决实施大额赔偿,可是由于资力所限,最终原告方可以从小公司实际取得的金额通常远小于从大公司获得的金额。

因此,在成本收益的理性计算之下,原告及其律师明显会倾向于起诉大公司,而不对小公司提起诉讼——即便后者的违法程度不逊于前者。针对美国的经验研究表明,与处于同行业的其他公司相比,遭遇股东集体诉讼的公司,无论其资产规模、销售规模、市场占有率还是总市值都明显更大。[①]换言之,小公司的违法、欺诈行为无法利用集体诉讼有效遏制。

(二)滥诉普遍

在美国式的集体诉讼机制下,实际上股东本身对诉讼并不会负担多少成本,因此

① See Stephen Choi, "The Evidence on Securities Class Actions", 57 *Vanderbilt Law Review* 1465 (2004).

也不会过多期待从诉讼中获得收益。因此，针对哪些案件提起诉讼，真正作出选择的并不是股东本身，而是其聘用的律师。很大程度上，股东只不过将自己的身份出借给律师提起诉讼而已。对原告律师来说，追求的是以最少的成本获得最大的收益。相比诉讼而言，如何能与被告迅速和解，当然耗费的成本更少。

反过来，从被告方面——公司及其管理层、内部股东来看，一旦被诉，如果认真应对就可能要支出大量的诉讼成本，并且可能耗费管理层大量精力。而要是选择与原告方和解，就可以避免这些成本。更重要的是，上市公司管理层通常拥有“董事、高管责任险”（D&O insurance），假如双方和解，那么管理层支付的和解金绝大多数都可以由保险公司承担；相反，要是坚持诉讼，万一败诉，则要由管理层自行承担赔偿，因为此类保险条款通常会排除管理层被认为违法时的赔付责任。于是，对董事、高管个人来说，选择快速和解也是明智之举。最后，美国的制度下，和解一旦达成，则今后再无股东可以因为同样原因起诉公司及其管理层。如此一了百了的和解无疑又增添了被告方寻求和解的动力。①

于是，股东集体诉讼的原被告双方都有强烈的和解意愿。这种情况下，案件本身在事实和法律上的强弱变得不再重要。整个集体诉讼的过程在很大程度上被简化成了原告律师选择起诉，被告方接到诉状后迅速和解，原告律师从和解中取得一笔律师费，原告本身仅仅获得一些微不足道的经济利益，很多时候甚至没有获得任何赔偿，被告只不过作出一些无关痛痒的补充披露、更正披露了事。正由于原告律师掌握被告愿意快速和解的心理，所以在最初起诉的时候就不关注案件在事实、法律上是否站得住脚，从而提起大量的无谓诉讼（frivolous lawsuits）。经验研究发现，在美国国会立法应对无谓诉讼之前，股东提起上市公司的虚假陈述诉讼的可能性与其是否存在欺诈嫌疑无关，②可见其中相当一部分的诉讼可能只是无谓的滥诉。

长期以来，美国学者对集体诉讼机制下充斥滥诉的现象提出了严厉的批评。为此，美国国会于 1995 年通过《私人证券诉讼改革法》（Private Securities Litigation Reform Act，PSLRA）。该法对证券集体诉讼作出一系列限制，主要措施包括提高证券诉讼的举证标准（针对被告的主观状态及因果关系），为上市公司信息披露设立“安全港”，将连带责任转变为比例责任并增加责任限额（以防原告方向投行、律师、

---

① See Sean Griffith，“Settlements and Fees in Merger Litigation”，in Claire Hill & Steven Davidoff Solomon（eds.），*Research Handbook on Mergers and Acquisitions*，Edward Elgar（2016）.

② See Marilyn Johnson，Karen Nelson and A. Pritchard，“Do the Merits Matter More? The Impact of the Private Securities Litigation Reform Act”，23 *Journal of Law，Economics，& Organization* 627（2007）.

会计师等中介服务机构转嫁责任),明确集体诉讼中原告代表的资格要求并禁止出现职业化的原告代表。此外,美国公司法诉讼最重要的裁判机构特拉华州衡平法院也于2016年创设了一项重要先例,禁止原告律师在没有引发重大信息披露修正的股东集体诉讼和解中取得律师费。[①]美国国会和法院的这一系列改革恰好与目前我国对引入集体诉讼机制、扩大赔偿责任范围的呼吁背道而驰。经研究显示,在这些改革出台之后,美国利用集体诉讼机制进行滥诉的情况有所缓解,[②]不过,研究也发现有正当理由的证券诉讼也随之减少。[③]

(三)原告律师的机会主义行为

美国的股东集体诉讼中,原告律师得到的收益在于律师费,在和解中律师费的金额通常与股东取得的赔偿无关,而是作为一项独立支出由被告支付给原告律师。即便采用风险代理机制,走完诉讼程序,最终原告律师获得的律师费也只是损害赔偿的一部分(通常为1/3)。因此,原告律师在案件代理过程中常常懈怠,其付出多少努力的标准限于自身能获得多少额外律师费,而不在乎这种努力能带给原告多少额外赔偿。当然,律师与当事人之间的这种利益冲突并非公司、证券集体诉讼所特有,然而,此类诉讼当事人自身涉及的利害数额小,导致当事人对律师的监督动力不足,从而放大了律师懈怠,或者追求自身利益的可能性。

相关经验研究显示,20世纪70年代中后期美国的股东集体诉讼有70%以上和解,而原告最终在诉讼中获得赔偿的案件比例只有0.6%。[④] 为改变原告律师的机会主义行为,1995年的PSLRA要求由涉案经济利益最高的股东——通常是大的机构投资人作为原告代表,期待其经济利益与相关经验能促进对原告律师的监督。然而,事实表明新法通过后,大的机构投资人并没有积极参与集体诉讼,特别是共同基金、银行、保险公司等大型私人机构投资人,只有带有公益性质的养老基金愿意充当原告代表。这些私人机构投资人通常不愿意与上市公司管理层发生冲突,还希望获得公司养老基金的管理权,所以不愿作为集体诉讼的原告代表并不奇怪。[⑤] 这样,PSLRA并

---

① *In re Trulia Stockholder Litigation*, C. A. No. 10020 – CB, 2016 WL 325008 (Del. Ch. 2016).

② See Marilyn Johnson, Karen Nelson and Adam Pritchard, "Do the Merits Matter More? The Impact of the Private Securities Litigation Reform Act", 23 *Journal of Law, Economics, & Organization* 627 (2007).

③ See Stephen Choi, "Do the Merits Matter Less After the Private Securities Litigation Reform Act", 23 *Journal of Law, Economics, & Organization* 598 (2007).

④ See Thomas Jones, "An Empirical Examination of the Incidence of Shareholder Derivative and Class Action Suits 1971 – 1978", 60 *Boston University Law Review* 306 (1980).

⑤ See Stephen Choi & Robert Thompson, "Securities Litigation and Its Lawyers: Changes During the First Decade After the PSLRA", 106 *Columbia Law Review* 1489 (2006).

没能改变股东集体诉讼中当事人对律师监督不足,令原告律师工作懈怠,只顾追求律师费的情况。最近的经验研究依然显示证券集体诉讼中,原告的律师明显具有虚报工作时间,谋求不必要的律师费这类行为。[①]

三、集体诉讼与公益诉讼

以上分析表明,美国式的股东集体诉讼制度尽管可能对上市公司及其高级管理人员的违法行为有一定的震慑作用,但同时也存在诸多问题,绝非保护股东利益的不二法门。尤其在一个缺乏强有力的机构投资人的市场中,很难找到适当的原告在集体诉讼中代表全体股东利益,向被告索取赔偿,同时监督好原告的律师。在中国的实践中,证券欺诈案件实际上是由监管机构先行调查处罚的,民事赔偿诉讼基本是监管执法的一个附属品。因此,诉讼目标集中于大公司、滥诉横行以及原告律师的机会主义行为在中国的此类诉讼中或许不会成为一个大问题。然而,对于不存在监管先行执法的违反信义义务的公司法诉讼中,美国集体诉讼的问题仍有可能在中国出现。

集体诉讼原本出于聚沙成塔,激励利益分散的股东起诉行为不当的上市公司及其高级管理人员,因此,如果有替代性的机制解决无人起诉的问题,则未必需要再引入集体诉讼。这方面,以投服中心为代表的股东公益诉讼或许是更适合中国国情的一种措施。作为一个公益机构,投服中心有能力摆脱经济因素的诱导,避免按照规模大小挑选诉讼对象,也不会因为谋求代理费而提起无谓诉讼,或者因为经济利益不足而放弃对律师的监督。

不过,公益诉讼的成败仍然取决于公益诉讼机构的激励与能力。一方面,虽然公益诉讼机构有可能摆脱经济激励的限制,但仍可能具有其他的特定追求,如谋求社会影响。在这种激励因素的引导下,公益诉讼仍然可能发生选择诉讼对象的倾向性问题。另一方面,公益诉讼机构对相关法律问题的专业知识和经验也决定着其能否找准案件,能否有效监督好律师的工作。简言之,公益诉讼机构的评价体系与人才配置将决定其是不是能起到有效维护股东利益的作用。

---

① See Stephen Choi, Jessica Erickson and Adam Pritchard, “Working Hard or Making Work? Plaintiff's Attorneys Fee in Securities Fraud Class Actions”, https://papers.ssrn.com/sol3/papers.cfm?abstract_id=3420222.

专题论坛三：中介机构投资者适当性管理

证券公司投资者适当性管理的实践与思考

王新宇*

各位领导、各位嘉宾、何总好，大家下午好！非常感谢我们中国证券业协会举办这一场中小投资者服务论坛活动，使我们能够有幸聚集到一起，共同探讨中小投资者的服务方面的经验，也使我们能够向大家多学习。

今天和大家分享的题目是“证券公司投资者适当性管理的实践与思考”，投资者适当性管理应该是刚才各位领导都介绍了，是国际成熟资本市场中普遍采用的一个保护投资者权益的重要措施。

在我国，《证券期货投资者适当性管理办法》（以下简称《管理办法》）的颁布实施，标志着我国证券市场也进入一个全新的时代。经过两年对投资者适当性管理制度和实践的摸索，我们对适当性管理有了一个更深的理解，也形成了一定的管理模式。

当然，在工作中我们也存在一些困惑，也遇到不少问题，下面主要是从三个方面来阐述投资者适当性管理工作中的实践和思考。

第一方面，对投资者适当性管理的一个认识。

随着金融产品和服务的日趋复杂，经营机构和投资者之间，由于信息不对称所造成的问题日益严重，投资者对于专业性、复杂性和风险越来越高的金融产品难以做到科学有效的评估，从而更加有赖于金融机构的推荐、说明和提示，才能够更有效地进行金融投资。这也导致了投资者，尤其是中小投资者利益容易受到损害，对整个市场

* 国泰君安证券零售业务部总经理。

的稳定发展也带来了巨大的隐患。《管理办法》就是在这个背景下应运而生,从 2017 年 7 月 1 日正式实施以来,可以说在整个证券、期货、基金行业,已经建立了一整套的适用于投资者适当性管理的规则。

那么根据《管理办法》,证券经营机构也被赋予了全面的投资者适当性管理的义务。一是我们要了解投资者,并对其进行分类。二是我们要了解产品和服务,并进行风险等级的评价。三是对投资者和产品进行匹配,将适当的产品销售给适当的投资者。四是我们要履行告知义务,充分地进行风险提示,并进行留痕。

第二方面,公司的实践。

公司经过两年多的实践和探索,在投资者适当性管理方面也形成了自己的特色,建立了较顺畅的决策机制,形成了较完备的制度和控制流程,也配置了较强的人员队伍,采取了较严格的信息系统控制,高度重视我们从业人员的培训和投资者教育等。

第一,主要是一个决策和协作机制。一是由公司分管零售业务的副总裁、合规总监和总部各部门负责人,组成一个投资者适当性管理领导小组,审定了公司投资者适当性管理的工作战略和长期规划。二是由各总部的相关人员,形成了一个投资者适当性管理执行小组,其主要负责审视我们整个适当性管理的相关制度、流程、系统控制、系统构架等。三是协同总部相关业务部门,各分公司营业部,按照总分一线合规风控体系,在公司内依据行之有效的管理逻辑,来落实对投资者的适当性管理。这是第一个方面,决策机制方面。

第二,制度体系方面,主要是分为四个层面:一是公司制定了《投资者适当性管理办法》,该办法对适当性总体管理要求、流程的安排、系统的控制、人员的配置、培训、检查以及考核机制等都作了一个明确的规范,统一了一个标准的各个方面的配套附件。二是各业务的《适当性管理实施细则》,是严格按照《管理办法》的规定,再结合具体业务的投资者分类标准、准入标准、特殊流程等进行补充和完善。三是制定了适当性管理的标准化流程,公司营运中心根据不同的业务场景,制定了一个标准化的流程,以约束适当性管理的具体操作。四是公司同时以指导意见的方式,对部分变化较快的、无法用制度固定下来的相关要求进行约束。

第三,在人员岗位配置上,公司总部各相关部门均配备了合适的适当性管理人员,专职负责本部门的适当性管理工作。同时,分公司和营业部也配备了专属人员开展适当性管理工作。公司依托高效的一线合规风控管理体系,不断增强总部与分支机构适当性管理人员的承接和衔接,有效推动公司适当性管理工作的落实。

第四,在标准化流程指导方面,主要是由营运中心制定标准化的流程,从具体的操作步骤上,指导分支机构的人员进行各项业务办理环节的适当性管理。

第五,在系统控制方面,公司主要是通过我们的账户体系"君弘百事通",三端一微的客户端体系,包括我们适当性管理系统,这几大系统从线上和线下对适当性管理做到事前、事中、事后各个环节的控制。账户系统,主要是对各项业务办理过程中的投资者适当性管理进行一个前端的控制。那么"君弘百事通"和三端一微平台,可以对员工向客户提供相关服务,并在服务过程中对是否符合适当性管理要求进行系统的一个辨别。适当性管理系统则承载着我们整个投资者适当性信息数据库的功能,起到一个数据支持的作用。

第六,在人员培训和投资者教育方面,公司每年对分支机构相关岗位人员开展现场的适当性管理培训,同时不定期开展诸多视频培训、非现场的培训,包括通过我们的金融学院、E-learning 网上学习平台,发布我们的培训课程,要求总部和分支机构相关岗位人员,限期完成相关的学习和测试。同时,各分支机构在总部培训的材料基础之上,也展开不定期的培训,不断地推进以适当性为主题的投资者教育宣传活动。此外,还邀请总部相关管理和业务部门的专业老师为投资者授课,通过各项投资者教育活动,有效地提升了我们投资者的适当性管理意识。

在重点环节的把握方面,公司主要是开展投资者分类、了解客户、适当性管理等各个环节,严格按照监管的要求进行。

第一,就是要了解我们的客户。客户基本信息的维度包括《管理办法》中的全部内容,同时我们也基于反洗钱的考量增加了对客户信息采集相关要求。公司在了解客户的方式和渠道上做了全面的把握,每一次我们与客户相接触的情景,都通过系统对客户的适当性信息是否完善,是否已经失效,是否需要进行补充和更新进行判断。例如,客户在现场或者是在线下办理业务的过程中,和购买产品的过程中,系统将自动校验我们客户适当性信息的完整性、风险等级评定有效性,包括身份证信息的有效性等,确保信息能够完整,准确,并且是在有效期内。客户非交易时间登录我们所有的交易终端,系统也对风险测评已经过期的客户强制启动重新测试的流程。

第二,是适当性的匹配。公司对客户与产品和服务适当性匹配提出要求。首先,在总的《投资者适当性管理办法》中明确了客户风险承受的能力等级和产品服务的风险等级要相适应,同时,对我们的投资品种、投资期限以及最大可承受的亏损,这三个要素一一匹配的规则,也做了一个详尽的规定和说明,并且在实际工作中严格执行。

第三，我们的双录。双录是适当性管理过程中，向客户做好充分风险揭示和客户确认的有效留痕手段，在保证风险揭示有效性的基础之上，我们也考虑了客户的体验感和工作流程的效率，除传统的人工双录外，公司还引入了 VTM 机（Video Teller Machine，虚拟柜员机，简称 VTM 机），让客户在 VTM 机上进行双录留痕。

第四，对证券公司投资者适当性管理一些探索性的思考。

一是体系问题。在证券市场中，除中国证监会的一些管理办法，协会的指引以及交易所的管理办法外，几乎每一项产品和服务都有一个《适当性管理实施细则》，且存在不同的投资者分类标准。在一些新规中，除规范我们的适当管理管理标准外，贵金属也专门有其专门投资者的评判标准，债券市场也有合格投资者的标准，购买产品的时候也有不同的标准，股转市场也有合格投资者的标准。这些标准和我们证监会新规专业投资者的评估标准存在一个较大的重合度，但是一些细节上又略微有一些差别。本文建议在合理的范围之内，尽可能简化我们的制度体系，减少多重客户的分类，使我们把适当性管理工作能够贯彻落实得更好。

二是风险测评执行标准方面。协会发布的业务指引中有一套客户的风险测评问卷，但事实上各家券商最终使用问卷的这个版本并不是很统一，评估的标准也存在一定的差异。这就导致客户在不同的券商之间所得到的风险承受能力的结果是不一样的，这个也是希望能够尽可能地更好规范。

三是在了解客户过程中，客户信息的获取问题。了解客户是投资者适当性管理的第一步，也是非常关键的一步，这个是我们整个履行适当性管理的一个基础。了解客户的诚信状况的要求，实际上给我们带来较大的挑战。因为目前证券公司所能快速查询到客户的失信行为，也只是限于“两融”的一个“黑名单”。其他包括我们监管机关、自律组织的处罚措施，分别记录于中国证监会、中国证券业协会和交易所的网站上，这都需要证券公司自行登录来单独查询。本文建议证券行业能够建立客户诚信信息数据库，在行业中能够制定出失信评估的一个标准，这样各个券商就可以将达到该标准的客户信息录入数据库中，形成相关的一个行业共享的信息。

四是主动推介的一个边界问题。证券公司作为市场的参与主体，生存和盈利是它的一个首要的目标，因此，对产品和业务的营销也应当是正常的市场上行为。监管制度规范中提及的主动推介，目前缺少明晰的定义，各家券商把握的尺度不一。因此，建议对主动推介的边界，监管能够更进一步进行明确，让证券公司对产品和服务能够更好地合规营销，能够服务我们的广大客户。

总的来说,投资者适当性管理已成为保护投资者合法利益,维护证券市场稳定发展的一个重要基石。国泰君安证券将继续做好这项工作,将把我们金融报国的理念,以客户为中心的理念,融入投资者适当性管理工作过程中,服务好中小投资者,为整个金融体系的建设发展做更大的贡献。谢谢大家!

着眼长期　向客户正确传导价值观　做好适当性管理

李　鹏*

感谢大会的邀请,非常荣幸能够在此与大家分享,作为“信义义务”践行者的公募基金,在适当性管理方面一些经验与思考。

题目讲了两个维度:一是讲要着眼长期,这是时间维度;二是向客户正确传导价值观,没有仅将适当性的对象指向投资者,将适当性管理的范围作了拓展。

从这两个维度来讨论基金行业的适当性管理问题,主要基于以下情况。一是基金行业是金融业适当性管理的先行者,从实践经验上来看有所积累,也有许多的反思,未来面临很多变革与挑战。二是基金公司只是基金行业适当性管理中的一环,要与各类合作伙伴共同努力,去构筑适当性管理的良好生态体系,这其中主要包括对基金行业非常重要的渠道中介、服务机构等。“一个兄弟三个帮”,更要众人拾柴才能令基金行业的火焰高,令基金行业的适当性管理够专业、有温度,真正令大众受益。

一、公募基金行业率先建立了适当性管理体系

中国基金业20年来始终坚持立法优先,在中国证监会领导下,围绕《证券投资基金法》出台了近百个规章、规范性文件,构建了一系列行业基础规范。2007年面对“奔腾”的市场和基金募集的持续火热,围绕保护投资者利益的核心,中国证监会适时推出了《证券投资基金销售适用性指导意见》《证券投资基金销售机构内部控制指导意见》,2008年还推出了《关于证券投资基金宣传推介材料监管事项的补充规定》等一系列文件。由此构成了由监管、行业自律和社会监督相辅相成,法制、规则和执业

* 汇添富基金督察长。

规范有机互补的体系,夯实了基金业适当性管理的基础,并一直延续至今而不断发展和完善。

自此,在基金募集及销售过程中,要了解客户,了解基金产品,了解基金公司,将做好风险类型的匹配作为业务开展的前提,成为基金行业的基本规范。适当性与基金业其他核心规则体系一道,在普及理财观念,培养风险收益意识,理解市场和资管产品净值波动现象等方面取得了令人瞩目的成效。可以非常自信地说,当今资管行业"了解你的客户"(Know-your-Customer,KYC)以及风险匹配等基本规范的形成,基金行业的早期实践意义重大。

二、公募基金行业适当性管理实践的几点总结

基金行业的适当性管理实践也并非一帆风顺,在适当性管理制度的落实和执行过程中也遇到了一些突出的问题需要研究和思考。

一是"买者自负",如何引导投资者理性自主管理自身的适当性。这是一个长期的过程,因为从基本经济原理分析,投资者行为表现为理性是最优情况下的理想假设,我们不能将这一假设视为当然。因此,适当性管理之所以重要、必要,就是因为它是在理论与实践基础上形成的制度安排,能够在一定程度上帮助投资者"兴利驱弊"。但我们往往会面临"聪明的投资者",只要资本市场能够在现象上创造足够高的回报,就会有投资者尝试能够获得收益的各种可能方式。而此时,市场中介机构的起码职责是,不要去加剧此等"非理性"并放大投资者的风险敞口。

二是"卖者尽责",渠道与基金公司应将适当性管理高水平地融入业务管理体系。

如果说投资者理性是理想假设,那么应当被视为专业的中介机构的表现情况如何呢?坦率地说,"卖者有责"已经成为行业基因,但距离"尽责"还有差距,这也是一个长期的过程。一方面,适当性管理是有成本的,而投资者对渠道和基金公司的信赖度,或者说忠诚度是需要时间培育的,即适当性的管理成本对机构收益具有显著影响!特别是在当前互联网化业态发展趋势下,在视"便利性""客户体验"为核心竞争力的商业环境中,如何既要审慎履责,又要让客户认同中介价值而培养忠诚度,是行业面临的一个管理挑战。另一方面,"市场永远是对的",适当性管理需要中介机构要有足够的专业性予以识别、部署、实施,这已远远超出了法规所界定的基本职责范畴。比如,基金公司是否向市场提供了具有自身相对竞争优势的产品,渠道机构是否对基

金公司以及产品有专业判断与认知,以及是否以恰当的方式传递至投资者并能够识别“适当”的投资者配置到产品中来。因而做好适当性管理需要渠道与基金公司高水平的将适当性与自身专业能力相融合。

三是“没有最好只有更好”,争议解决机制需要不断完善。

适当性管理的完善是需要买者与卖者在实践中摸索前行的,但这一过程并不全是“美好”。“没有最好只有更好”适当性的表现形式与完善方式必然是动态的,而行业与投资者在目前的状态下却停留了相当久的时间,亟须破局。

目前关于适当性的争议问题,主要是机构获得客户关键信息的困难以及如何去证明自身履职尽责的问题,前面已经讨论很多,故不再重复展开。要指出的是,适当性的争议不仅仅是投诉甚至诉讼。这仅是争议的表现形式,更关键的争议是市场、资管行业是否为投资者创造了价值。在选择渠道以及产品的过程中,公募基金已不再是唯一的选项,面临严峻的挑战。在适当性的实现形式之外,如何去为投资者创造价值更应当是行业关注的核心!因为不围绕这一核心,行业就算完善了适当性管理的制度与工具体系,也将失去行业发展所依赖的根基。这更是一个长期过程,不会一蹴而就。

四是适当性理念可以自销售环节向资产管理全流程延伸。

在当前阶段,资管行业特别是公募基金行业提升和完善适当性管理能力,恰当其时。“天下大势,分久必合,合久必分”是我国资管行业发展过程的真实写照,在“资管新规”的外部环境下,公募基金的发展正面临前所未有的巨大机遇。

一是在党中央、国务院的战略部署下,规范、透明、开放、有活力、有韧性的资本市场将为资管行业,特别是公募基金进一步夯实基础资产质量。二是养老金制度体系的完善将促进投资者的理性化和长期化。三是对外开放的进一步深化将给予公募基金行业更大的舞台。四是科技和金融的深度融合进一步提升了行业服务投资者的能力。只有牢牢把握住这些趋势和机遇,真正将自身能力体系通过适当性管理体系向投资者有效延伸,才能在为投资者持续创造价值的基础上,巩固与发展行业的适当性管理水平,其方式是将适当性管理理念自销售环节向资产管理全流程延伸,将专业能力与服务能力相结合。

三、资管行业提升适当性管理水平的举措

面对挑战和机遇,基金行业应当如何完善适当性管理体系,夯实行业发展的根

基？我认为可以从以下两个方面着手。

一是立足本业，向客户正确传导价值观。资管行业既是资源配置的行业，也是管理风险的行业，通过判断和定价风险来进行资源配置，通过资源配置来分散风险。行业能否长期为客户创造价值，取决于能否真正归本溯源，遵守“受人之托，代人理财”的行业使命。

立足本业，既是回归行业初心和使命的客观要求，也是提升适当性管理能力与水平的出发点，能够将基金公司、渠道、服务机构、客户等各方利益有机结合。因而基金公司应当持续强化投资能力，持续强化风控能力，持续创新并完善产品线布局。以上即是基金公司以专业为依托，向市场传递其价值观、传递价值判断的举措，并据此来赢得客户信赖的基础，更是基金公司落实适当性管理的根基。过去 20 年基金行业的先进代表在此方面作出了许多有益的实践和探索。

要实现向客户传递价值观的目标，适当性管理就要体现在公司的经营理念中，反映在公司的发展战略中，落实在考核中，更要将之融入公司的文化。文化具有强大的力量，保护客户利益的适当性管理意识应成为公募基金企业文化重要的组成部分，将之与基金公司的价值观体系相融合，这包含了比合规风控更高的要求。适当性管理更是一门艺术，真正实现基金公司价值体系与客户需求与渠道延展能力的结合，为各方创造价值，需要平衡与创新发展等各方面的关系。

二是合作共赢，形成正确传导价值观的机制与体系。2018 年以来全球进入多变的格局，市场、机构、投资者所面临的不确定性都在增加。不确定性对适当性管理带来了很大影响。加强合作是面对挑战改善风险状况，同时把握难得发展机遇的必然选择。在适当性管理方面，需要通过监管层、行业协会、市场主体、第三方服务机构、投资者等多方的信任合作，共同打造规范、透明、健康的资管生态环境，才能进一步提升管理水平。

首先，持续完善符合中国国情和借鉴国际先进经验的适当性法规和规则体系，保持资管行业适当性管理的标准一致和有效执行实施，避免监管套利。

其次，基金公司与渠道、服务机构之间应加强信息共享，就提升适当性管理关键信息的整合，如客户风险偏好的评价模型、资产配置的分析体系、运用大数据及互联网和人工智能工具改善对客户的服务体系，以及加强金融创新产品等，充分发挥行业各自的竞争优势，共同参与到提升适当性管理水平，为客户创造价值的过程中。

最后，基金公司、渠道及服务机构与投资者之间也需要建立相互信任、相互促进的长久发展机制,通过持续开展投资者教育,帮助客户更好地了解自己、了解产品,提升投资者对风险的识别能力,正确的传导价值观,用专业和诚信赢得投资者的信任,以共同提升适当性管理水平。

适当性管理制度的完善将长期在路上。我相信,随着我国经济迈向高质量增长,改革开放进一步深化,资本市场持续完善,基金行业将与其他资管理行业一道,将适当性的完善与自身的发展相结合。汇添富基金将始终坚持"一切从长期出发"的经营理念和"客户第一"的价值观,与在座各位领导、专家共同努力,为实现老百姓财富保值增值、推动资本市场和实体经济健康发展贡献力量,为上海国际金融中心建设和长三角区域一体化发展贡献力量。

谢谢大家!

中信期货适当性管理的实践与探索

陈黎明*

尊敬的各位领导、各位专家、各位同仁,大家下午好!非常高兴能够参加这次论坛,我跟大家汇报和交流的题目是"中信期货适当性管理的实践与探索"。

首先是对期货公司适当性管理特点的一些看法,期货公司的业务类型相对比较复杂,诸如经纪业务,包括商品期货和金融期货、商品期权和股票期权,还有一些同时对境外客户开放的特定品种等。除经纪业务外,还有期货投资咨询业务、基金销售业务和资产管理业务,以及风险管理子公司的业务,而子公司业务中带有金融属性的业务也需要执行适当性管理,主要是合作套保业务和场外衍生品业务。

从期货公司要遵循的适当性管理的外部规定来看,我们看到有中国证监会、三个协会以及六大交易所的关于适当性的准入和适当性规范性要求。除这些专项规定外,还有一些特定业务的管理规定中,里面也包含了适当性的要求,如"资管新规"等。总体来看,期货公司整体的适当性管理的建设,比较复杂,无论是从业务范围全覆盖的角度来看,还是从它需要遵循的外部规定来看,期货公司整个适当性管理体系的顶层设计相对比较复杂。

从业务和产品分级的角度来看,期货公司的期货、衍生品以及期货资管等业务产

* 中信期货合规稽核部负责人。

品因高杠杆、结构复杂等特性，风险等级主要集中在 R3、R4 和 R5 这几个层级，风险等级整体偏高。从客户方面来看，期货公司的客户群体相对小众，客户总体的数量不大。但是，因为期货公司的服务、产品相对来说风险都比较高，所以我们认为，对客户的适当性风险认知、风险偏好和风险承受能力的准确评估、切实做好适当性管理就显得特别重要。

所以，中信期货建立了一个系统的、立足长远的、动态优化的适当性管理体系，包括一套制度规程，一项基本制度加上一系列的规则与程序；包括一套技术系统以及员工培训和投资者教育系统等。

在这个管理体系的建立之初，以及后面的持续完善过程当中，有两个方面的实践探索与大家交流：一个是投资者风险承受能力等级的评估判断方面；另一个是金融科技的运用方面。

首先，对于投资者风险承受能力等级的评估与判断，准确性非常重要，我们做了一些特殊安排，如统一客户号的设计，一个客户到我们这里来，无论他是做某一项或者某几项业务，都只有一个唯一的客户号。我们的适当性等级评估是建立在这个客户号的基础上，我们不仅实现了不同业务的客户风险等级的唯一性，也实现了母子公司的客户风险等级唯一性。这样的一个唯一性其实要表达的是，客户风险等级的评估是针对客户而不是针对某一业务的，评估结果的应用也是面向该客户的全部业务而不是某项业务，这样的设计，对于客户风险等级的初始评估以及后继持续的客户风险等级调整的准确有效性，有非常重要的意义。所以我们在问卷设计之初，考虑了将统一客户号、统一的客户风险等级作为设计出发点。

除统一客户号的安排外，我们很重视对风险测评问卷回答的真实性的关注，因为真实性直接影响评估结果的有效性，我们设计了一致性核查，比如，客户信息表中职业为退休或者学生的，问卷收入选择却比较高的；年龄小于 22 岁的，学历选择填写本科以及以上学历等，核查方式主要采用机器核查和人工核查相结合的方式。除了静态的真实性核查，我们还采用多种方式持续动态评估客户风险承受能力评估信息的变化，比如，一些客户多次评估，特别是当发现不能购买某个风险等级评估较高的产品时，可能会发起适当性评估重新测试，这个时候我们要关注同一客户多次评估，客观题选项是否前后一致，变化是否合理；再如，客户申请新的业务，如子公司场外衍生品业务，尽调中要求客户提供财务信息，这时候我们要关注与之前适当性问卷中的信息是否一致。又如，我们开展洗钱等合规调查时，也要检查客户适当性评估问卷的信息。另外,客户在临柜办理业务的时候,我们也会视情况要求客户重新填写评估问卷。除此之外,我们有定期评估,前期启动开展了两年到期的重新评估。所有这些措施,我们都希望用来保障风险测评问卷评估的持续有效性。

另外,我们也以风险为导向,采取了一些严于监管的措施,比如,对于不满或超过一定年龄的自然人、在测试问卷中直接表达了不希望本金损失并且可承受损失在一定范围以内的自然人,这两类我们直接就定级为最低风险等级。我们还会在准入环节,加入一些个性化的准入条件。比如,对老年客户,我们在准入的环节就加了一些特别措施,以进一步保护老年投资者。

另一个交流的方面,是关于金融科技的运用,我们在金融科技运用方面,比较有特点的,一个是运用于客户分级与匹配方面,比如,客户分级时,在提交评估测试问卷后,系统除了能直接给出评级结果,如果客户的基本信息与评估问卷中的信息匹配后触及最低等级评级要求的,还能直接给出最低等级;如客户提供的信息前后存在矛盾时系统直接会预警提示;在适当性匹配判断方面,我们对私募基金和资管产品已经实现了系统自动控制对不匹配情况的直接拦截。另外,我们通过多套系统的改造,实现了同一客户在母子公司的适当性结果交互,实现了客户开展多业务时客户风险承受能力等级的唯一性。

在提升客户体验方面,我们也采用了一些金融科技方面的应用,比如,中信期货APP就是我们提供给客户的一个APP,客户能够在APP上面随时随地实现适当性管理评估。另外,为了加强客户身份识别,也为了方便客户,我们已经实现了人脸识别和指纹识别的登录功能。有关大数据的运用,我们也做了一些规划,我们打算使用大数据分析方法开展历史存量客户的持续评估,包括对客户交易行为的自动化分析,如分析客户盈亏情况,通过对客户交易行为与交易信息分析挖掘客户对某类业务或产品的特殊偏好等,以评估确认其风险承受能力等级的有效性等,并进而作好客户风险提示。

中信期货在适当性管理体系的建设过程当中,投入了比较多的资源,也取得了一些明显的成效。我的汇报交流就到这里,谢谢大家!

投资者适当性义务与责任的要件

吴　弘*

我从法律上谈一下适当性义务和责任的问题，主要是基于目前在深化实践的过程中，适当性义务的制度在司法和执法上都有一些冲突和矛盾，需从法律上讨论如何解析这些问题。

适当性是金融机构所提供的金融产品或者服务在风险程度与投资者的财务状况、投资目标、风险程度水平、财务需求、自身经验相契合，适当的产品配置给适当的投资者，这就是适当性。适当性义务是金融机构落实适当性所应该做的工作，也是应坚持的原则。金融产品发行责任的八个字原则——卖者尽责、买者自负，适当性就是卖者尽责。

目前适当性主要的法律依据：法规很多但层级差不多都是规章层面的，刚才大家引用比较多的《证券期货投资者适当性管理办法》就是其中较重要的规范，涉及适当性的一些基本要求。“资管新规”看上去似乎是个规范性的文件，但是“资管新规”是中国共产党中央全面深化改革委员会通过的，这在制度建设上是比较特殊的，这个文件里对适当性义务也有一些解释和要求。

之所以最近对适当性议论比较多，就是因为第九届全国法院民商事审判工作会议的纪要（以下简称“九民纪要”），这个纪要征求意见时间已经过了但还未最终出台。纪要当中对适当性义务作了非常新颖的规定，有人讲其可谓出台的最严格的金融产品销售规则，所以引起了大家的争论。

一、适当性义务的内涵及其要件

要讲的第一个问题是适当性义务的内涵，我把它概括为三个要件。

第一个要件就是“了解你的客户”。这个要件的实施主体当然是金融机构和金融机构的从业人员，但是现行规范性文件里的表述是多样的，有表述为金融机构的，有表述为经营机构的，还有表述为卖方机构的，这指的就是实施适当性义务的机构，这

* 华东政法大学教授、博士研究生导师，上海市法学会金融法研究会会长。

个义务就是由金融机构来实施的。

适当性义务实施的对象也就是保护的主体是谁,也有几种表述,有表述为客户的,有表述为投资者的,还有表述为金融消费者的,这里面有一些矛盾,因为投资者与金融消费者不同。目前在中国法规里出现的投资者有两种分法:一种是合格投资者和公众投资者,另一种是专业投资者和普通投资者,通常公众投资者或普通投资者才被称为金融消费者。

实际上"了解你的客户"分两步,第一步也就是第一道关,就是识别出公众资者或普通投资者,排除其购买有风险的金融产品,这一道关不是真正的适当性义务,而是投资者准入,或适当性准入,在准入之前其是一般投资者,进入以后就是合格投资者或专业投资者了。关于准入标准,"资管新规"的准入和集合信托计划的准入是不一样的,包括科创板的准入、融资融券的准入、创业板的准入也都是不一样的。专业投资者有机构和非机构的区分,划分标准也不同。所以公众资者或普通投资者、或称金融消费者不真正适用适当性义务,而受准入制度保护。

第二步才是了解合格投资者或专业投资者的各种具体信息,特别是风险承受级别,以便配置相应产品。关于需了解的信息,国外立法例很多,如美国"私募 506 规则"、美国"场外市场自律组织 2090 规则"里都有需要了解投资者资质、相关信息的要求。日本的《金融商品交易法》《商品交易法》也都有关于这方面的规定。我国《证券投资基金法》《证券期货投资者适当性管理办法》以及信托、期货等监管规则里,对应该了解投资者信息以及应该了解什么信息,都作了详尽的规定。

第二个要件是了解产品。也就是金融机构应该全面了解其所发行或者销售的产品的类型、特性和状况,评估产品的风险和收益。

美国场外市场自律组织对了解产品哪些内容有严格的规定,即有哪些内容是必须要了解的。我国的法规、规章、规范性文件也规定了金融机构应该了解的客户信息的内容范围,如《证券期货投资者适当性管理办法》第 15 条、第 16 条、第 17 条就涉及了解产品的具体内容。

第三个要件是风险匹配和风险告知。相应包含三个步骤:风险匹配、风险揭示、合理推荐。

一是风险匹配,比较好理解,在了解了客户、了解了产品以后,把不同风险的产品配置给不同风险承受能力的投资者,就是风险匹配。

二是风险揭示,就是在风险匹配后将产品风险与匹配情况充分向投资者披露,以便投资者作出判断。风险揭示不能简单称为如实告知，如实告知通常又称信息披露义务，是金融产品发行销售阶段的另外一项基本义务，信息披露涉及内容很多，不仅仅是适当性义务中风险揭示的内容，还包括一些非风险的信息内容告知、免责条款和技术概念的解释，根据我国《合同法》规定，告知义务有提示义务和说明义务，提示义务是主动义务，说明解释义务是被动义务，这些都不能用适当性义务替代。“九民纪要”里规定风险揭示或如实告知时，提出了信息揭示的标准问题，就是所谓客观标准和主观标准，一般人能够理解的是客观标准，合格投资者能够理解的就是主观标准，实际是共性和个性的结合，这个要求是比较高，判断也比较难。

三是合理推介，就是适度的推介。主动推介要掌握程度，防止过度推介。境内境外规定很多，不了解客户就不卖产品，不讲清楚风险就不卖产品。我国的“资管新规”以及“九民纪要”里也都作了规定。这还涉及逾级销售问题，即经风险评估，投资者的风险承受能力相对较低，但投资者仍然要求购买风险级别相对较高的金融产品，这就是风险不匹配情况下的逾级销售，需要进行特别警示，如果投资者坚持购买的，可以提供，但强调适当性义务留痕（证据保存）要更详细。若属现有规范禁止销售的情况则不得销售。

前面都是卖者尽责，接着就是买者自负，投资决策还是要投资者自己做，后果也要自担。

二、违反适当性义务的民事责任及其要件

现行规范里对违反适当性义务的民事责任都作了规定，特别是“九民纪要”的规定比较严厉。

1. 首先要明确适当性义务的法律性质

适当性义务是在合同订立阶段、金融机构销售产品阶段的义务，是一个先合同义务。现在有不同的看法，甚至有人把适当性义务认定为合同履行阶段义务。我们认为适当性义务不是管理人在管理过程中的义务，产品销售阶段金融机构还不是管理人，只是一个发行人、销售人，这才有适当性义务。如果产品已经卖出去了，机构与投资者之间的资产管理合同关系已经建立了，那就成为管理人，就要承担谨慎管理的信义义务，那也不是适当性义务。

先合同义务违反以后，要承担什么责任，责任方式哪些，我国合同法都有规定。

一般来讲,违反先合同义务的民事责任,是缔约过失责任。不是侵权责任,也不是违约责任。

违反适当性义务的后果,应该是两种情况:一种是导致合同不能成立,使投资者丧失了一次投资的机会,主要是各种假借订立合同恶意磋商,延误当事人交易机会、错失行情,导致投资者丧失投资盈利机会的损失,或者浪费订约费用,投资者要求赔偿数量比较有限;另一种后果,虽有缔约过失但是合同仍成立了,合同成立后管理人将投资者的资金集中投出去以后,底层资产出了问题,造成投资资金无法返回更无收益,这时当事人诉求比较多元:有的以发行、销售人违反适当性义务为由要求认定合同无效或合同撤销、返还财产,有的则以管理人违约为由要求继续履行或赔偿全部本金收益损失。这样就超出缔约过失责任范围了。

2. 承担损失的要件

即缔约过失责任的要件。尽管它不是侵权责任,但构成要件与侵权责任非常接近。

首先是违反先合同义务,即金融产品的发行人、销售人违反了适当性义务。

其次是投资者的信赖利益遭受了损失,违反适当性义务损失的是信赖利益。投资者基于对发行、销售人的信任,如基于对代销银行的信任,相信如银行工作人员所述能盈利保安全,才购买某种金融产品的,这就是信赖利益。违反适当性义务使信赖利益受损,但不会导致履行利益损失;合同未正常履行造成的损失才是履行利益损失。

再次是违反适当性义务的一方,在主观上有过错,不是客观原因造成的。

最后是发行、销售人违反适当义务与投资者的损失之间有因果关系。

这四要件同时具备了,就应承担缔约过失责任。

3. 发行人和销售方连带责任问题

我们现在的资管产品、私募产品等,大多数都是由销售方销售的,即发行人委托银行或专业销售人销售产品。

传统上销售人违反适当性义务的就由销售人承担责任,但按照“九民纪要”,发行人和销售方人需承担连带责任:投资者在购买资管、私募产品的时候,销售机构没有尽到适当性义务,投资者可以找销售人承担责任、要求赔偿,也可以找发行人承担责任、要求赔偿,甚至可以要求销售人和发行人承担连带责任。

这是因为现在遇到具体问题,就是有一些金融机构的子公司或者非金融机构,即第三方机构成为销售人,尽管也有销售牌照,但因风控较差出了不少问题,最近所打击的非法集资不少出在销售端。到出问题的时候其已经承担不了缔约过失责任了,所以为了便利案件的解决,要尽可能地把发行人拖进来承担连带责任。但这样一来,作为发行人的金融机构的责任就过重了。

4. 缔约过失责任的承担方式主要是赔偿损失

赔偿损失的范围有直接损失和间接损失之分,直接损失就是财产的直接减少,间接损失可能包括一些可得利益。“九民纪要”里不仅把利息损失计算进去,而允许将所谓预期收益作为计算利息损失的标准,大家对此意见比较大。

目前的私募产品销售合同都是中国证券投资基金业协会颁发的格式条款,而且明确写明:预期收益率不是利率,仅是收益比较的基准或者一个参考标准。当然,实践中有些产品就是按照预期收益率在支付定期定额报酬,使投资者产生了一种误解,认为这就是利息。

5. 欺诈加倍赔偿的问题

《消费者权益保护法》(以下简称《消法》)为加强对消费者保护,设有加倍赔偿责任制度,规定凡对消费者欺诈的经营者应对消费者进行3倍赔偿。“九民纪要”指出,如果合格投资人参与了相应的投资,再以销售过程中存在欺诈为由主张加3倍赔偿的,法院不予支持。法院这一做法比较合理客观。

违反适当性义务与欺诈之间还是有区别的。在销售阶段可能存在欺诈,欺诈是严重的违法,更严重一点可以构成诈骗犯罪。例如,《刑法》里涉及销售环节的欺诈犯罪有欺诈发行罪、集资诈骗罪,还有虚假证明罪等。违反适当性义务一般都不是欺诈,它只是没有如实地、详尽地告知,或风险揭示不准确,最严重的是风险不匹配,这都与欺诈有距离。

另外,《消法》保护的是金融消费者,如前所述,金融消费者属于弱势群体才需要有《消法》保护,合格投资者或专业投资者不属于消费者和弱势群体,那就不属于《消法》保护的范围,也就不适用加倍赔偿责任。

6. 责任免除的问题

免除金融机构民事责任的原因,主要是损失由投资者这一方的问题造成的。因为适当性义务是由金融机构承担的,但也要有投资者配合。如果投资者没有提供真实情况,或随意填写,要由投资者负责。但是投资者提供的信息不准确,这时机构就可免责。因为投资者提供了不准确信息,导致金融机构配置风险不准确,可以免除责任。如果投资者继续以未尽适当性义务要求金融机构承担责任的,法院不予支持。

专题论坛四：投资者教育

证监会投资者教育工作介绍

林丽霞*

尊敬的各位领导、各位嘉宾：

大家下午好！很高兴能参加第二届中小投资者服务论坛，2018 年在北京举办了第一届论坛，确实加深了各单位在投资者教育和保护方面工作的交流和了解，2019 年在这里举办第二届论坛，有利用进一步扩展论坛的影响力，引导各界持续深耕投资者教育保护工作，形成投资者保护合力。借此机会，就投资者教育工作的最新进展，我们面临的问题及一些对策思路，我想和大家做一些交流。

中国证监会党委是高度重视投资者教育保护工作的，易会满主席明确提出，“加强监管，保护投资者合法权益，是证监会的天职”。同时提出“要加强投资者教育，推动将投资者教育全面纳入国民教育体系，积极倡导理性投资，价值投资和长期投资”。2019 年以来，中国证监会扎实推进了一系列投资者教育服务工作。

一是围绕监管中心工作和投资者的实际需要，持续开展投资者教育专项活动，今年结合设立科创板并试点注册制这一资本市场重大战略性改革，我们投资者保护局联合上海证券交易所一起组织开展了“走进科创你我同行”专项活动。各地举办投资者教育活动 8 万余场，累计超过 7000 万余人次参加，制作投放了原创投教产品 3 万余种，电子产品的点击量超过了 1.3 亿次，受到了广大投资者的欢迎，得到了中国证监会党委的充分肯定，这也是全系统投保干部和全市场投保工作者团结协作、共同努

* 中国证监会投资者保护局教育服务处处长。

力的结果。

二是持续推动各地将投资者教育纳入国民教育体系，惠及数百万学生。上海、广州、四川等地区将投教纳入了中小学课程设置，编制了中小学的金融知识教材，已有7.3万余名中小学生学习了金融理财知识；各地区普遍将投资者教育纳入高等教育和职业教育体系，开设投资者教育的必修课或者选修课，开展专题讲座、知识竞赛、模拟比赛等。宁夏、内蒙古还在继续教育和民族教育方面进行了有效的探索。2019年3月，中国证监会和教育部联合发布《关于加强证券期货知识普及教育的合作备忘录》，进一步加强了对此项工作的统筹规划和规范指导。

三是持续指导建设实体和互联网投教基地，为广大投资者提供免费、便捷、专业的教育服务，大家只需要“迈迈腿、动动手”，就可以集中获取所需要的知识和服务，改变了投资者到处查资料、听消息、交学费的困境。目前我们已经授牌国家级、省级基地共100多家。从评估的反馈情况来看，投教基地总体运行良好，在线接受返客上亿人次，现场服务投资者500多万人次，成为各地展示资本市场发展成果的重要窗口，也是投资者保护的主阵地。

四是设立“5·15全国投资者保护宣传日”，动员全国上下积极开展活动，在全社会倡导理性投资文化，建立监管部门主导推动，相关部门联动，行业主动尽责、公众积极参与的投资者保护长效机制。2019年“5·15全国投资者保护宣传日”的主题是“心系投资者　携手共行动”，举办了活动的启动仪式，易主席为我们启动活动，阎主席做总结讲话，共计开展活动1万余次，4000多万人次参与，让理性投资和投资者保护的意识深入人心，使投资者保护成为全社会共同行动。

五是举办全国证券期货投教产品征集展播活动。共征集1800余件优秀原创投教产品，在中国投资者网站上持续展播，促进投教资源共享，避免重复建设，激励社会各方开发出更多投资者喜闻乐见的优秀投教产品，我们也欢迎各位媒体朋友能够更多的关注和转发这个投教产品的展播活动。

六是举办了第二届“股东来了”权益知识竞赛活动。这是我们和央视财经频道共同打造的一项专门服务中小投资者的教育节目，以寓教于乐的方式普及证券期货知识，引导投资者知权、行权、维权。2019年第二届吸引了来自全国各省、直辖市、自治区包括港澳台地区的投资者参与，答题人数超过了1.5亿人次，这也是我们打破证券期货行业领域，动员社会各方力量，特别是媒体力量，探索投资者教育的有益尝试。

同时，我们也清醒地认识到，随着资本市场乃至经济社会的快速发展，投教工作面临不少挑战和问题。一是如何针对投资者需求精准施策。不同投资者有不同的投资需求,必然会对不同业务品种的投资知识产生差异化的需求,如果不加区分,对所有投资者泛泛开展投教,很难取得理想的效果。二是如何在新媒体时代积极转变投教方式。随着移动互联网时代的不断发展,投资者越来越多地使用移动终端获取知识和信息,传统媒体影响力逐渐减弱,需要跟新媒体进一步合作,投教工作如何适应这种转变,值得进一步思考。三是如何建立投教纳入国民教育体系的长效机制。如何更好贯彻落实中国证监会和教育部联合发布的合作备忘录,推动投资者教育纳入国民教育体系的持续化、普及化、常态化、标准化,需要我们有新的工作思路。

针对上述问题,我们抛砖引玉提出以下的想法,供大家交流、讨论。一是希望证券期货经营机构能够在"精准投教"方面发挥更大的作用。由于经营机构最接近广大投资者,也最了解投资者的实际需求,我们希望能够在开户、产品销售等各个业务环节,有针对性的做好各项业务知识介绍和风险提示,普及理性投资理念和依法维权意识,切实将国办〔2013〕110 号文(国务院办公厅《关于进一步加强资本市场中小投资者合法权益保护工作的意见》)"将投资者教育纳入各业务环节"的要求落到实处。二是在加强新媒体投教方面上下功夫。在保持与传统媒体宣传合作的基础上,逐步加强在网络媒体、微信、微博、客户端等新型宣传渠道上的投教力度,特别要利用好中国投资者网这个平台,聚集全行业、全市场,全社会的优秀投教资源,积极推广大家喜闻乐见的投教产品,促进资源共享和优势互补。三是建立投教纳入国民教育体系的联动机制。加强与教育行政部门的沟通,动员组织行业力量和教育专家,立足提升青少年的金融理财素养,在充分借鉴现有工作成果的基础上,探索推出适用于各类学生的推荐教材、精品课程。

各位领导、各位来宾,投资者教育是一项长期的系统性工作,需要监管部门、自律组织、市场主体和社会各方携起手来、共同努力,不断将投资者教育做得更深、更细、更实,努力打造更加健康、理性、和谐的市场生态系统。也希望通过此次论坛,大家能够充分分享、交流经验,提出意见和建议,为进一步做好投资者教育服务工作献计献策。最后,感谢大家一直以来对于投教工作的关心和支持,谢谢大家!

科创板投资者教育实践与思考

杨　欣*

各位领导,各位同仁,大家下午好! 很荣幸应主办方邀请,参加此次论坛。

加强投资者教育、服务和保护是资本市场全面学习贯彻习近平新时代中国特色社会主义思想,"践行为民宗旨"的重要体现和有力举措。近年来,在中国证监会投资者保护局的统筹安排下,在会系统各单位和社会各界,尤其是媒体的共同努力下,我国投资者保护工作稳步推进。尤其是投服中心自成立以来,逐步形成事前持股行权,事中纠纷调解、事后证券支持诉讼的"投服模式",举办的《股东来了》投资者权益知识竞赛,开辟了投资者教育和保护的新路径。

在上海证券交易所设立科创板并试点注册制,是党中央根据当前世界经济金融形势,立足全国改革开放大局作出的重大战略部署,是中央实现创新驱动发展战略、深化资本市场改革的重要安排。

自 2019 年 3 月 1 日以来,在投保局的统一部署下,上海证券交易所与地方证监局、中国证券业协会等系统单位紧密合作,持续以"走近科创,你我同行"为主题开展专项投教活动。借此机会,我想就"科创板投资者教育实践与思考"和大家做一个分享与交流。

一、担使命——着眼"三大任务"

一是跟上节奏。习近平总书记宣布在上海证券交易所设立科创板并试点注册后的两个多月,交易所层面的配套业务规则即对外征求意见。为充分做好市场培育,投教宣传相关工作着手部署。一个月后,规则正式发布,投教宣传随即启动。为在第一时间向投资者介绍科创板,解读注册制,讲解规则差异,揭示投资风险,宣讲、培训、座谈、检查,多措并举,在 140 余天内推出 160 余件投教作品。

二是讲清规则。设立科创板并试点注册制涉及科创板板块建设和注册制试点的统筹推进。投教工作的职责即在于针对科创板在发行上市、交易机制和退市制度等

* 上海证券交易所投资者服务部总监。

特殊安排,面向投资者讲清楚、说明白,同时,还要针对科创板股票发行试点注册制改革的基本理念引导投资者调整投资理念和投资行为。

三是揭示差异。设立科创板并试点注册制是改革发展的试验田,在发行上市审核、持续监管、交易和退市制度等方面实施差异化机制。为有效引导投资者准确理解试点注册制下科创板股票发行上市审核的基本理念,适度调整投资行为和投资习惯,不断创新投教宣传形式,探索通过说唱作品、漫画等更多元化的表达方式揭示差异和风险。

二、讲方法——抓好"四个一"

为完成上述任务,全面做好科创板投教宣传,亟须及时调整布局,归纳总结实践经验,把握核心关键问题,构建科创板投教工作机制。

一是"一个同心圆"。在投保局的统一部署下,上交所联合地方证监局、证券业协会、投服中心等系统内各单位,共同深入开展科创板投教宣传,共同举办了 33 期"科创板投教行"主题巡讲活动。2019 年 9 月中旬我们在西藏地区举行科创板投教行活动,以期提升辖区内证券公司服务投资者的业务水平和能力;联合开展专题培训、投教联络人座谈交流等形式多样的系列活动,推出科创板投资者问答等各类节目,汇聚投教投保合力,提升科创板投教宣传实效。

二是"一张宣传网"。构建以传统媒体、新媒体相结合的多元宣传网络,开展立体化的科创板投教宣传。与新华社、央视、"四大证券报"、第一财经等主流财经媒体合作,持续创新投教形式,制作生动有趣的投教作品。与新华网、腾讯网、新浪财经频道等新媒体平台和浙江、黑龙江、陕西、福建等地地方广播电台合作,构建更有效覆盖广泛投资者群体的多层次科创板投教宣传网络。

三是"一座沟通桥"。为配合设立科创板并试点注册制业务的推进,通过持续广泛开展问卷调查、走访证券公司和营业部、召开座谈会等市场调研,及时了解市场关注;认真做好"400"投资者服务热线工作,与"12386"热线以及中国结算建立投资者问答快速响应联动机制,广泛倾听投资者声音,快速、准确地解答市场关注。

四是"一套组合拳"。为进一步发挥证券公司在科创板投教工作中的主力军作用,持续深化"交易所—证券公司—投资者"三级投教工作机制;举办证券公司工作培训,明确投教工作要求;开展科创板投教联络人工作交流、培训、座谈,加强投教工作沟通与经验分享;开展走访或现场督导,督促会员切实落实科创板投教职责。

三、重落实——“三大任务”有突破

一是出作品。根据投资者服务热线及市场调研反馈,有针对性地推出了7大类160余件图文和音视频投教作品,及时回应市场关注。与央视联合制作的《透视科创板》系列纪录片点击量累计达3200多万人次;与第一财经共同推出的《科创时空之走近科创板》电视专题片收视率为3.4%;通过央广经济之声和第一财经广播播出节目的收听量累计均超过2000万人次。证券公司也制作了大量的作品,据不完全统计,近百家证券公司共完成近5400件科创板投教作品,点击量达2600余万人次。

二是听心声。及时面向证券公司、个人投资者等开展科创板专项问卷调查10余次,形成多份调研报告;通过“400”投资者服务热线及时了解投资者关注和诉求,梳理并回复投资者科创板业务咨询电话或邮件,不断提升投资者服务水平和温度。我们也关注到中国证券投资者保护基金有限公司围绕科创板也做了一系列的问卷调查,其中也发现了一些问题,在今后的工作中,上交所将凝心聚力,与系统内各单位一起持续做好科创板投教投保相关工作,及时妥善解决投资者关注的问题。

三是办活动。截至目前,联合多地证监局、中国证券业协会以及中国证券投资基金业协会等举办“科创板投教行”巡讲和专题培训60余场,累计培训近15,000名证券公司营业部负责人、投教人员和个人投资者等市场主体;与投保基金公司合作,以证券公司投教基地为依托开展科创板投教投保主题宣传活动,加强投资风险教育;组织证券公司开展科创板模拟交易、讲座论坛等线上线下投教活动46,000余场,共吸引近1000万投资者参与,较为全面地覆盖广泛的投资者群体。

四、谈思考——“三个注重”促平稳

投资者是资本市场发展之本,加强投资者保护已成为全球金融监管改革的共识。投教工作是一项长期工作,科创板投教工作亦是这样,后续科创板投教投保工作将会面临新的形势和挑战。对此,我有以下三点思考想和大家分享。

一是需注重引导投资者树立理性投资理念,强化风险意识。科创企业商业模式新,业绩波动和经营风险相对较大,上市条件更具包容性和适应性,与主板市场存在较大差异。后续,应持续引导投资者正确认识科创企业的特点及其发展规律,知晓并关注投资风险,尤其是退市风险,适时调整投资观念和习惯。

二是需注重加强科创板上市公司投资者关系管理,切实保护好投资者知情权等各项权利。试点注册制下,科创板实行以信息披露为中心的发行上市审核制度和市场化的发行承销机制,上市公司要注重加强投资者关系管理,切实做好信息披露和与投资者的沟通,保护好投资者的股东权利,引导投资者树立股东权利意识和价值投资理念。

三是需注重金融科技在投资者服务、投资者保护等方面的开发和利用,优化科创板投资者服务的方式和手段。以云计算、大数据、人工智能等先进技术为主要特征的金融科技创新正深刻地影响资本市场,科创板投教投保工作也要紧跟科技步伐。探索运用大数据分析投资者交易行为特征,积极推进科创板投资者精准画像,动态把握投资者需求和风险偏好,探索提供差异化、个性化、精准化的投教内容,为做好科创板投资者服务提供新方案。

各位同仁,站在新的历史起点上,上海证券交易所将不忘初心,牢记使命,在中国证监会投保局的带领下,在系统各单位、媒体、证券公司等社会各方支持下,与在座的各位携手并进,继续共同做好投资者教育工作,在新时代担当新使命,奋力谱写投教投保新篇章!借此机会也感谢大家对科创板投教工作的大力支持,谢谢大家!

关于推动投资者教育高质量发展的思考与实践

徐良平*

各位同仁和媒体朋友们大家下午好!非常高兴参加第二届中小投资者服务论坛,也非常感谢主办方为我们搭建了一个很好的平台,让我们的新老朋友、业内同仁再次相聚、相互交流。

刚才林丽霞处长介绍了中国证监会投资者教育工作的基本情况,杨欣总监就科创板的投资者教育也做了一些分析、思考,我觉得发言非常精彩,深受启发。借此机会,就如何推动投资者教育高质量开展谈一点个人的体会和认识。不当之处请批评指正。

---

* 深圳证券交易所投资者教育中心总监。

高质量开展投资者教育,我想首先需要弄清投资者教育的内涵,对此国际证监会组织认为,投资者教育从属于一个更广泛意义上的概念,即投资者素养的提升,投资者素养中有一个重要的内容是参与金融活动的能力,包括投资者的观念、知识、技能、态度和行为。

投资者教育工作所要达成的目标,是帮助投资者获得更强的自我保护能力和市场参与能力。为了达成这个目标,我们要回答以下问题:对于投资者,如何帮助其提升投资知识水平、树立理性的投资理念,并进一步将知识和理念转化为行动;对于监管部门来说,如何组织相关的资源,做好投教工作的设计、内容的输送和效果的评估。

根据国际证监会组织的建议,我们认为达到投资者教育的目标,需要以调查研究为先导,在充分了解受教育群体的结构和行为特点的基础上,从以下五个方面提升投资者教育工作的质量。

一是聚合力的投教。我国资本市场个人投资者数量庞大,中小投资者市场参与度高、交易活跃。这一基本结构特点决定了我国资本市场投资者教育需求是巨大的。为了保障基本的投教供给,需要市场各方广泛参与,汇聚资源、形成合力,特别是引导证券公司发挥投教主力军、主阵地的作用,通过直接面向投资者的一线营业部落实投教工作的具体要求。

二是分层次的投教。在资本市场发展的过程中,投资者也不断地分层分化。例如,入市多年的投资者投资知识水平、理性程度相对较高;新入市投资者年轻化趋势明显,表现出急于入市、投资风格激进的特点;老龄投资者也在不断增多,但是防范风险的能力比较薄弱。此外,不同学历、不同区域、不同的资产规模的投资者,在知识水平、投资经验、行为习惯等方面也存在教大的差异。对于投资者群体的动态演化,开展分层次的投资者教育,才能使投教资源的投放更加具有科学性和针对性。

三是互动式的投教。近年来,在教育宣导的推动下,投资者虽然在理念上趋于成熟,但行为上仍表现出比较强的非理性特征。例如,交易频繁过高,一周内交易若干次的投资者占比达到 46.4%;熟悉偏好、过度自信和处置效应的发生率分别达到 57.6%、43.8%和 39%;此外,炒小、炒新、炒差等行为仍然常见。这个现象表明,传统的自外向内的单向宣导式的投教,对于投资者行为改善可能作用有限,有必要探索互动式的教育方式,引发投资者自主思考,从而形成改变非理性投资行为的内在动力。

四是移动互联式的投教。投资者教育背后是信息的传递,能够有效借力传播杠杆,决定了教育宣传的深度和广度。我们的调查显示,投资者使用手机获取信息的比例逐年提升,最期待的投教产品类型是视频类、图文类,占比分别高达86%和75%。因此,投教产品的形式应该更加注重契合新媒体传播要求,投教活动逐渐与移动端各大媒体接轨,充分利用移动互联的力量,放大工作的效能。

五是参与式投教。培养投资者股东权益意识,有助于帮助投资者理性参与市场,践行长期价值投资理念,在这一方面,投教工作应该着力构建服务平台,为投资者行权创造便利的条件,让投资者在权力行使的过程中学会"自己走路",逐步完成由"股民"向"股东"的转变。

基于以上我们对于投教工作的认识,深圳证券交易所持续创新投教工作的方式,探寻有效的方法和路径,以"四个贴近"不断提升投资者教育工作的质量。

一是贴近投资者多元化需求,开展分层的投教活动。在传统投教活动基础上,深交所联合深圳证监局等相关单位,针对新入市的投资者,我们举办"新手入市、悟险明理"专项行动;针对老龄投资者群体,我们走进社区组织"险有所知、投有所得、老有所享"专项活动;针对投资者日益增长的基金投资需求,举办"走进基金公司"活动,借力公募基金传播长期价值投资理念;针对中西部资本市场薄弱地区,联合各地证监局、协会开展"投资者服务西部行"活动,让西部地区投资者得到一流的投教服务。

二是贴近投资者学习的实际体验,推进互动式的投教模式,针对传统单向宣导式的投教效果不佳的状况,深圳证券交易所积极探索互动式教育宣传模式。我们建设互动体验式投教基地,利用多种互动展示技术,将抽象的证券知识变成"场景式"的互动教育产品,让投资者拥有学习证券基础知识,提升风险意识,增强投资分析能力的投教家园。我们举办"股市相对论"辩论赛等活动,邀请市场机构和个人投资者代表现场辩论互动,将教育宣传嵌入理性辩论,激发投资者自主思考理性投资的热情。

三是贴近投资者信息获取的习惯,撬动投教宣传传播杠杆。我们主动适应移动互联网时代投资者信息获取习惯的变化,充分利用新媒体、新技术,拓展投教宣传的广度和深度。例如,打造知识手册、图文漫画、投资微电影等一批符合新媒体传播特点的"投教营养套餐",不断提升投资者阅读体验;我们建立投教活动互动网络直播系统,开设雪球网、今日头条、东方财富等公众号,在深圳地铁、公交车、楼宇等人流密集的场所开展公益宣传,便利投资者在日常生活中时时刻刻接收投教知识。

四是贴近投资者知权行权的需要,打造"一站式"服务平台。2004年深圳证券交易所启用股东大会网络投票服务,方便投资者行使股东投票权,2011年深圳证券交易所首创"互动易",打造投资者与上市公司互动交流的网络桥梁,互动感受,沟通创造价值,在“互动易”的一问一答中,投资者逐步了解掌握各项股东权利。以此为起点,深圳证券交易所持续打造以“互动易”为主体的“一站式”的投资者服务平台,为投资者提供咨询提问、投票表决、投资分析、反馈意见的“工具包”,精准服务投入者知权、行权、维权的需求。目前深圳证券交易所投资者服务平台年度使用量已经突破了12亿人次,相关实践案例被国际证监会组织作为新兴资本市场的典范发布在其官网,向其会员推广投教服务的“中国经验”。

在新的历史起点,打造规范、透明、开放、有活力、有韧性的资本市场的总目标,要求投资者教育工作也需要进入高质量发展的阶段。这里结合深圳证券交易所的实践,谈几点推动高质量投教工作的想法。

一是与会员同谋划,共分担,形成投教工作“一盘棋”。下一步,深交所将通过投教工作座谈会,投教基地交流会等多种形式,与会员单位就投教工作规划、重大活动开展等进行协商,引领行业投教工作有序开展。推进建立会员投教工作协作机制,就产品制作,活动开展、基地利用等方面开展广泛协作,提升投资者教育工作的活力和效率。

二是推动理念到行动的转变,强化投资者教育的时效。深圳证券交易所将探索行为金融、心理学相关理论研究在投教工作中的应用,尝试打卡积分和激励反馈等全新的投教方式,帮助投资者在提高投资知识水平、树立理性投资理念的基础上,进一步减轻减少频繁交易、跟风炒作等非理性行为。

三是拥抱现代科技,为精准化投教服务提供支持。我们将借力大数据、人工智能的技术,对投资者持股交易数据进行分析,深入把握投资者行为特征,探索建立系统化、常规化的投资者信息采集平台,持续追踪投资者情绪的变化,从主观和客观两个纬度描绘投资者“画像”,为精准开展投教工作提供支持。

四是紧跟市场的变化,提升投教的时效性。一方面,紧跟市场的新形势、新动态、新问题,主动发声,引导会员做好舆情引导、宣传解释和风险提示的工作,帮助投资者理解相关政策、制度和规则,提升风险意识。另一方面,我们紧跟投资者信息获取渠道、阅读习惯、学习方式等方面的变化,持续创新投教产品和投教活动,保证内容投放的有效性。

在中国证监会的正确领导下,在投保局的大力推动下,资本市场投资者教育工作已蔚然成风。下一阶段,深圳证券交易所将坚持“四个敬畏”“一个合力”,与各派出机构、各市场主体和媒体朋友一道,共同推动投教工作进入高质量发展的新格局。

谢谢大家!

聚焦投资者权益　创新投教工作方式

陈陵虹*

各位嘉宾下午好,我来自投服中心投教部,今天我发言的题目是"聚焦投资者权益,创新投教工作方式"。不同于沪深交易所,投服中心是一家成立不到5年的机构,我们的职责就是专门从事中小投资者保护工作。

作为一个新兵,应该怎么做投教、做什么样的投教一直是我们思考的问题。根据中国证券登记结算有限公司的投资者现状调查,现在1.5亿投资者中,95%是中小投资者。我们中心所做的对投资者股东权利知晓情况的调查,中小投资者对分散在公司法、证券法及相关法律法规中的16项基本权利的认知程度并不高,总分是5分,调查显示整体股东权利得分3.20分。根据我们对投资者参与各项教育的调查。参与度最高的是风险测评,市场上近80%的投资者都参与了,另有近70%的投资者参与了基础知识和适当性知识的教育,有近50%的投资者学习了投资理念和投资技巧,但是只有38%的投资者表示了解一点股东权益。尽管当前投资者教育已经相当普及了,但在权益知识的教育方面,仍然存在明显不足。

基于上述三个原因,我们就将投教工作的重点聚焦投资者权益教育,希望通过权益教育实现三个目标。第一,唤醒投资者的自我保护意识,提升自我保护能力,只有知道自己拥有哪些权利,才能尽可能防止权利受到侵害。

第二,倡导长期投资、理性投资、价值投资。根据我们跟上交所合作的一项风险认识调查显示,截至目前,有近75%,也就是差不多3/4的投资者,持股时间不超过1年,理性投资文化尚需要培育。

第三,示范引领全面知权、积极行权、依法维权。大家也可以看到,有超过1/3的投资者,不知道该如何行使权利,也认为自己没有途径行使权利,而且维权的效果也不乐观,尽管当权利受到侵害的时候,有差不多3/4的投资者第一反应是要去维权,坚持到后面维权的不到40%,最后真正成功维权的不到10%。但是我们的调查也显示,通过公益组织的帮助,最后的成功率有明显提升。

有了这样的定位和目标,我们希望通过打造四大权益投教品牌、搭建一个权益服

* 中证中小投资者服务中心投资者教育部总监。

务平台来实现。四大权益投教品牌就是权益360、投资者大讲堂、投服论坛、《股东来了》。

首先根据我们做的一个投资者受教育水平和投资经验情况的调查，随着资本市场的发展，投资者的结构也在不断发生变化，有近70%的投资者已经具有本科及大专以上学历。持股时间方面，投资经验超过2年的投资者，占比超过了70%。

随着投资者的成熟，其对权益知识教育的专业性也提出了更高的要求。因此，我们就跟上海证券报合作，开辟了权益360的专栏，通过知识讲解、案例分析来普及权益知识，这个专栏从2016年12月底开设，到现在为止已累计发布文章250篇。同时，我们还编印了权益360的教育系列丛书两套20本，目前已经通过大讲堂和投教基地向投资者发放10万余本。

第二项是针对中小投资者的呼声，我们联合交易所、证监局、行业协会和市场机构推出了大讲堂巡讲系列活动。到目前为止，已经开办了150余场，走遍了全国36个辖区，直接参与人数近2万人，网络观看人次近70万人。

第三个就是我们的投服论坛，我们知道投保工作是一项系统工程，需要前瞻性的思考和系统推进，所以从2018年开始，投服中心专门设立了论坛来共同磋商投保的举措。投资者最易接受的教育形式是寓教于乐的形式，所以我们联合央视财经频道，推出了《股东来了》投资者权益知识竞赛活动。

2019年是第二年举办，《股东来了》分为网络初赛、分区复赛和央视决赛，2019年网上网下直接参与人数已经超过100万，网络答题人次超过1个亿，而且中国证监会阎庆民副主席也亲临总决赛现场观看了比赛，并为总冠军颁奖。

不同于传统的投教活动，《股东来了》应该说在开放性方面有一些创新。第一个开放性表现在角色的开放性，传统的投资者只是被动地接受投教宣传，但是在《股东来了》这个节目过程中，投资者成为主动宣传投教的载体，相当于自媒体的作用，人人都是主角。第二个是《股东来了》兼容并蓄，把走进上市公司、走进高校、走进投教基地等传统的投教活动有机融合，互相促进。第三个是2019年在六大赛区中马拉松、博览会都成为宣传《股东来了》、宣传权益知识的载体，这些都是以前传统的投教活动不常采用的传播载体。

到目前为止，三场半决赛和总决赛已经录制完毕，将于9月9日到12日在央视财经频道播出，欢迎大家收看。

最后，我想介绍一下中国投资者网。中国投资者网是由中国证监会管理、由投服中心负责运维的一个投资者保护网站,我们希望通过网上投教、在线调解等方式,打造一个权益服务平台。

保护投资者合法权益　证券业担使命齐行动

何　玲*

各位领导、各位业界同仁及媒体朋友,大家下午好!

为深入贯彻落实中国证监会党委关于投资者保护工作的部署和要求,坚持"四个敬畏"和"一个合力",引导证券公司恪尽职守做好投资者服务工作,切实履行好保护投资者合法权益的主体责任,促进形成敬畏市场、敬畏规律、敬畏专业、敬畏风险的理性投资文化,助力打造规范、透明、开放、有活力、有韧性的资本市场,中国证券业协会携手各证券公司积极行动起来,担使命、尽职守,研究制定了2019年度促进证券公司履行投资者保护责任的工作方案,并于"5·15全国投资者保护宣传日",同步开展"投资者教育进百校活动"、发布《证券经营机构投资者教育工作指引》、广泛开展投资者适当性管理和教育服务活动,进一步推进证券纠纷多元化解机制建设等系列工作,以下主要和大家交流证券公司"投资者教育进百校"活动情况。

投资者是资本市场生态系统最基础的形态结构和最重要的营养结构。培养健康成熟的投资文化,是资本市场可持续发展的根基。我国资本市场起步晚、发展快,法治诚信和契约精神还有待进一步强化,市场文化尤其是投资文化还需要进一步厚积和沉淀,推动投资者教育纳入国民教育体系是加强投资者教育的重要措施,在总结会员前期经验和做法的基础上,协会广泛汇集会员共识,向全体证券公司和广大证券从业人员发出倡议:每家证券公司至少结对联系一所学校开展证券期货知识普及教育。通过开展系列科普公益讲座、开放投资者教育基地、提供必要的学生实训和教师培训服务、捐赠证券期货知识读本、合作开发多媒体在线学习资源等方式,加大资源投入力度,普及证券期货常识,培养理性投资、价值投资、长期投资理念,增强大中学生及社会公众投资风险意识及理财能力。截至2019年8月底,已有54家证券公司启动"投资者教育进百校"行动,结对250所学校联合开展证券期货知识普及教育活动。

从实践情况来看,证券公司开展投资者校园教育的形式主要有如下几类。

---

* 中国证券业协会会员服务一部主任。

一是开展投教公益讲座。多数证券公司都通过开展证券期货系列公益讲座活动，为学生们普及金融证券知识、防范非法集资等相关内容，帮助学生提高防范金融诈骗、警惕非法集资等风险意识，提升大学生财经素养，引导其正确认识资本市场，增强风险防范意识，要远离校园贷等。

二是举办各类校园竞赛。不少公司还通过举办模拟炒股大赛等形式将理论结合实际，传导金融知识，揭示权益保护，从而使学生们通过模拟比赛了解证券投资，认识当前金融市场形势，增强对证券市场的认知，提高风险防范能力。

三是开设投资者教育课程。在传统走进校园活动基础上，不少公司尝试与高校建立常态化合作机制，将金融知识课程纳入高校学分课程体系，以必修课形式为在校大学生提供金融知识普及、防范非法投资活动、金融职业规划等课程。

四是编写投教教材。长期持续的投资者教育进校园客观需要一套完整的证券期货知识国民教育教材。不少公司积极开展了这方面的尝试。例如，申万宏源证券已与复旦大学合作编写国民教育教材；华西证券投教基地和西南财经大学财商研究中心合作，编写《国民金融教育之青少年五德财商系列教材》等。

五是充分发挥投教基地作用。投教基地是开展投资者教育的重要平台，也是适应我国投资者特征，持续系统开展投资者教育的显示需要。多数证券公司都在投资者教育进校园活动中充分发挥其作用。证券公司与大学合作的实习实践基地和研究基地陆续揭牌。

六是创建投资者教育品牌。在长期的投资者教育实践中，不同证券公司已逐步建立形成了自身的投教品牌，如华福证券的“华福启明星计划”、招商证券“青少年财商启蒙新思维”、兴业证券“儿童财商教育”、天风证券“小小金融家”等。

除实践总结外，我们也收集了许多行业的建议以不断完善投资者教育进校园活动，主要包括提升授课质量、整合行业资源、加强行业培训和舆论宣传等。

下阶段，除今天举办投资者教育论坛和大家分享经验、探讨推广好的做法外，我们有这么几项拟开展的工作，来进一步总结前期的活动成果，构建投资者教育的长效机制，将投资者教育工作做深、做细、做实，夯实投资者权益保护的基础。

一是推动建立证券公司和学校合作共建的长效机制。建立培训基地和实习基地，建立投资者教育宣传普及平台等，充分调动证券期货市场和教育领域各类主体的积极性，形成以普及金融知识、提示投资风险、诚信建设为核心的全民投资教育，使社会公众能够便利的获得系统、全面的投资教育，培育证券期货专业人才，提升全民投资素质,强化公众理性投资意识。2019年7月,协会与共青团中央青年发展部、中证机构间报价系统股份有限公司联合开展了“扬帆计划·证券行业大学生实习”活动。为大学生暑期实习提供更多的机会,同时也为证券公司与各高校建立长期的投资者教育合作机制提供平台。目前,已有68家证券公司提供了包含总部、分公司、营业部在内的2700余个实习岗位。

二是实现“分享交流、推广宣传”。推广证券公司履行投资者保护责任的经典做法,推动证券公司更有效地做好投资者教育服务及投资者权益保护工作,培养健康成熟的投资文化,协会将依托投资者服务与保护委员会计划组织汇编《证券公司履行投资者保护责任优秀案例》,到时也请各公司积极参与,踊跃报送。通过产品展示、案例教育、模拟交易等多种方式开展内容丰富、形式多样的投资者教育活动。

三是组织开展投资者教育评估等,研究发布证券公司投资者保护责任履行情况的相关指标信息。研究从“投资者教育进百校活动”落实情况、投资者教育基地建设运行情况、投资者教育公益性投入情况、投资者保护工作获得国家奖励或肯定情况等方面,对证券公司投资者保护责任履行情况进行定期发布,发挥正向激励作用,确保投资者保护取得实效。

证券行业将不忘初心,凝心聚力、携手并进,继续深耕投资者教育与保护工作,用心服务客户,创新服务方式,完善服务设施,把投教工作做出新水平、做出新高度,为培育健康成熟的投资文化、构建稳定发展的资本市场贡献出应有的力量。

依托基地推动投资者教育进入国民教育体系

丁建强*

各位领导、各位同仁:我在公司分管的工作之一是投教基地。非常荣幸来自主办方的邀请,能够向大家介绍一下我们公司在投教基地运作方面的一些经验。我重点讲三个方面内容,一是提高认识、明确定位,充分发挥证券公司投教基地作用;二是积极探索校企合作,让投教工作在学生群体当中扎根;三是聚焦国民教育落实,站位金融供给侧结构性改革。

第一方面,关于投教基地的定位。证券公司投资者教育基地对于开展投资者教

---

* 中信建投证券执委会委员、合规总监。

育工作而言是非常重要的，在对中小投资者提供正确的投资知识，树立正确的投资理念方面发挥着重要的作用，中信建投证券在北京市朝阳区公司的注册地址选择一个楼层，建立了国家级的投资者教育基地，两年多来，我们充分利用这一基地的网点优势和线上推广优势，立足于公益性、专业性，深入研究地域投资者的特点和需求，挖掘优势、突出创新，全力开展投资者教育工作。

第一，对于投资者教育基地启用了“京信学堂”这样一个别称，将该基地定位为全面、广泛培养合格、理性投资人的学堂。

第二，具体展业过程中，立足于服务国民经济的发展，服务证券市场的有序发展这一主题，开展各类投教活动。

第三，将“高效做投教、务实抓投保”作为检验投资者教育工作的标准，形成我们独特的投资者教育基地品牌。

两年来，京信学堂紧跟自媒体时代发展的趋势，适应投资者需求，建立了微信公众号，坚持发布京信学堂原创的投资者教育产品，同时还转载了公司各业务部门和各监管部门公众号上发布的相关投资者教育产品，拓宽投资者教育的渠道。

第二方面，介绍一下在校企合作方面的一点经验，让投教工作在学生群体中扎根，这是我们在投教细分群体当中进行工作的一个立足点。目前，京信学堂已经与北京地区的 27 所高校、1 所职业学校、2 所中学，还有山东地区的 4 所高校、陕西地区的 3 所高校建立了联系，积极探索投资者教育进入国民教育体系的新途径。

具体的工作有以下三个方面。

首先，加强京信学堂的校企共建，主动深入高校助力在校师生树立理性投资理念。京信学堂加强和多高校构建共建关系，通过在校内开设行业专项课程、系列讲座，设立金融实验室和开展投教活动宣传等方式，传播普及证券市场的基础知识。

提高在校学生对资本市场的理性和感性认识，目前我们已经与北京交通大学、北京城市学院、陕西师范大学签署了共建的协议，开展深入高校的投教活动，仅仅“理性投资、从我做起”这一主题投教活动的参与人数就达到了 780 人。

其次，对投教的内容进行分层，打造进阶式的国民教育投教课程体系。针对各类证券业务的适应人群不同，我们对投教的内容进行了分层，构建了基础知识层和进阶知识两大类投资者教育的课程。

为不同接受程度的在校师生提供有针对性的投教内容，帮助在校师生识别非法活动，提升金融风险防范意识和自我保护意识。帮助在校师生树立正确的投资理念和择业理念,这是根据课程的体系做了区分。

最后,做深做实、切实履行对学生群体的投教工作,公司不仅将邀请在校师生采访京信学堂的人数纳入了北京地区各个分支机构年度考核指标,而且还要求公司各业务部门要积极配合京信学堂开展课件开发,以及进行授课等相关活动。我们的师资不限于投教基地的 3 ~4 名工作人员,各个业务部门都有讲课的任务,这是在投教的工作开展当中我们特别坚持的。京信学堂在日常运营费用中,设立了交通费等专项资金,提供租车、保险等服务,以确保参访师生的安全,就是学生要引进来,左下角大家也看到,我们到学校去拉学生过来的,要给学生上保险。

结合参访投教基地的师生制定投资银行业务衍生品业务和投资顾问等专题讲座,在京信学堂的参访记录当中,目前已经有 7800 余人次的在校师生参访,其中有两场共 150 人的高校教师参访,并听取了专属的讲座。北京某高校还组织了 364 名学生在同一天参访,创了投教基地日参访最高纪录。我们的这个课程应该说反响比较热烈,许多高校已经将参访京信学堂作为在校学生开展社会实践课的重要内容之一。

第三方面,聚焦国民教育落实的工作,我们一直也在思考投教工作进入国民教育体系,我们有四个方面的探索和思考。

首先,要给在校师生提供了解合法合规金融产品和服务的机会,这个是我们的定位。

其次,要让在校师生树立正确理解和自身风险承受能力相匹配的投资理念。

再次,要达到充分推广和利用投教基地的公益属性、专业属性,改变所谓的“资本唯利是图、参与资本市场的人都是不讲人性”的观念,要加强各类投教活动和产品的法治化水平。

最后,要达到提升投资者信心、促进资本市场持续健康发展的目的。

为此,我们将探索进行以下几项工作。

首先,建立投资者国民教育实践基地体系,继续着力打造校企共建的投资者教育实践基地,充分发挥中信建投的专业优势和利用高校的教育资源,建立优势互补、共同发展的长期伙伴关系。创新实践教学模式,搭建实习平台,在课程开发、教师挂职和课题研究等方面进行探索,将金融专业知识和实习培训相结合。着力打造集知识性、趣味性、实用性于一体的综合素质课程。

其次,分层分类设置投资者教育课程,扩大课程的适用对象,主要还是要适用不同人群和不同地域的投资者,不再进行单一化、标准化的课程,要进行有特色化、特性化的课程设计。

最后,建立投资者国民教育的志愿教师体系,包括校企两方面的教师体系,这是我们保证正确理念传导,使投资者教育工作常态化、机制化,能够持续发展的人才保障。

以上就是我们的一些做法和思考,感谢各位领导,我们会持续努力,谢谢!

如何挖掘高校在投资者教育中的作用

韩　乾*

尊敬的各位领导、各位嘉宾下午好!

根据2019年3月中国证监会与教育部联合印发的《关于加强证券期货知识普及教育的合作备忘录》精神,高校应该在投资者教育中发挥重要作用。下面我结合自身作为一名高校教师在投资者教育方面与业界合作的经验谈一些体会。

第一,高校拥有丰富的投教软资源。绝大多数高校开设了系统的金融和投资类课程,不少高校的金融学专业硕士设计了针对性较强的课程体系,内容涵盖了资产配置、金融风险管理、金融工程、量化投资等,部分有条件的高校开发了公开的线上教学视频。高校还拥有金融素养较高、科研能力较强、善于教学的师资队伍。监管局和证券期货公司可以充分利用当地高校的现有条件联合开发针对投资者教育的课程和合作课题等。高校还有一批动手能力强、思维活跃的金融专业学生,可以调动他们的主观积极性,帮助设计专业性强且表现形式多样的优质投教产品。

不少高校还有自身特殊的投教资源禀赋。比如,厦门大学经济学院有一个1928级校友,高捷成烈士,是中国人民银行前身——冀南银行的创立者、红军会计制度的创始人、中国共产党金融事业的奠基人之一,其传奇事迹鲜为人知,完全可以深入挖掘,作出独特的深具教育意义的投教产品,有利于大众深入了解红色金融,进而加深对具有中国特色社会主义资本市场的理解,传承红色精神,提高金融从业人员的责任感,树立正确的理想和信念。

第二,高校拥有便利的投教硬环境,可以很好地解决投教场地问题。比如,厦门大学经济学院建有金融实验室,里面配备了100多个计算终端,50多套金融咨询和数

* 厦门大学教授。

据库,实时的市场行情信息以及仿真交易软件,可供师生进行各类教学科研活动。可以联合这样的实验室共同开展投资者教育,在实验室内外布置相应的投教资源和信息,聘用学生担任兼职投教工作人员。厦大还建有一个实验金融经济实验室,设施先进,常年招聘校内大学生参与经济和金融类的各种实验。可以联合实验室师生共同开发投教相关的实验,甚至直接采用实验室既有研究成果来制作投教产品。学院一楼还有一个王亚南书院,原来想为师生提供轻松的交流环境,现在由于种种原因闲置,完全可以利用来作为投资者教育基地。从学校层面来看,厦门大学建有大型的游客中心,校门入口处不远还有数个展览馆,是游客的必经之处。可以考虑在这些地方配备投教设施或者有条件建立投教基地,充分利用每日大量的游客资源,扩大教育范围。

虽然每个高校的具体情况有所不同,拥有的投教条件和资源各异,但以上这些做法背后的经验和理念可以在全国各大高校内推广和普及。

第三,高校拥有大量的潜在投教对象。一个高校的本科生和研究生数以万计,专业门类差别很大。他们中有不少可能是未来资本市场的投资者和从业者。目前我国高校的通识教育程度还不够,从我在厦门大学金融双学位班的教学经验来看,非金融类专业的学生对于金融和投资上的知识和风险意识非常薄弱,需要产学结合,通过投资大赛、职业讲座、《股东来了》、交易所知识竞赛等形式在校园内开展常规性的知识普及教育。目前大连商品交易所、上海证券交易所均走进高校开展了联合教学。此外,包括厦门大学在内的不少高校每年有大量的来自全国各地的游客参观校园,可以引导部分游客在教学以外的时间有序地参观实验室、投教基地(中心),甚至亲身参与一些金融实验和游戏,让游客感同身受,切实意识到自己在证券期货投资上的认知偏差和潜在风险,同时也为高校科研人员开展实验金融研究带来源源不断的优质实验对象,达到合作共赢。

第四,积极与高校建立和保持联系。前段时间各地券商纷纷举办各种类型的投资大赛,也经常去高校宣讲和招聘,不少已经与高校建立了联系。但由于个别券商和机构在活动中过分宣传自己,以拓展业务为主要目的,加上来访的机构太多太频繁,导致有些高校有关负责老师不愿配合甚至有所抗拒。从我作为高校教师参与者的经验来看,通过熟悉的校友、曾经的老师、朋友引荐等渠道与院系直接负责人(一般为学院党委书记、学生口党委分管书记、其他学院领导、专职辅导员等)取得联系,往往能够事半功倍,提高工作效率。要从合作共赢的角度提方案,既搞好投资者教育,又能为学院的教学、科研和学生培养、实习、就业等提供切实帮助，建立长期、友好、稳定的合作关系。

发挥财经媒体优势　携手推进投资者教育

汪　钧*

各位嘉宾下午好，我来自第一财经，很荣幸今天有这个机会作为媒体的代表能跟大家一起交流一下我们在投资者教育服务工作当中的一些感受和思考。

在座的各位基本上都是我们的合作伙伴，为我们提供内容的来源，又或者是我们的精准受众，今天机会难得，我先对我所在的第一财经正在全力推进的媒体融合做一个简单的推介，这也跟我们正在进行的投教内容的探索有关。

第一财经是一个全媒体集团，旗下拥有电视频道、广播、日报、杂志和数字媒体。现在一财正在进行大力度的新媒体转型，我所在的电视团队就致力于成为互联网上最重要的财经视频的供应商。我们把财经视频分为四个大类，其中投教视频是我们非常重要的分支。

第一大类是资讯视频。大家如果下载我们的第一财经客户端，会比较全面地了解一财的内容产品。因为第一财经电视是一个全直播频道，每天早上从 7 时一直到晚上 10 时，我们是不间断地对资本全市场进行直播分析，所以我们会在手机端同步提供一条视频直播流，同时也对一些重大财经事件进行现场直播。第二大类是证券视频。现在，通过网和端，第一财经的证券节目已经吸引到了全国甚至全球的华人观众关注，在这些节目视频中，有大量为投资者服务和与投教相关的内容。第三大类是商业财经视频。企业家、一线商业人物、高端论坛都是第一财经电视团队着力报道的对象，比如，我们有一个融合了音视频和图文的融媒体产品叫“时代追光者”，它就是从电视节目发端，最终在手机端实现的，从企业管理的角度讲述中国故事，提炼东方管理智慧的内容产品。

我要重点介绍的是第四类——投教视频。第一财经诞生 16 年以来，其实我们所做的很多工作都是围绕着资本市场，围绕着投资者服务和投资者教育来展开的。

现在大家看到的这个页面，就是我们在 7 月 22 日科创板开市前一周推出的一个

* 上海第一财经传媒有限公司副总经理、电视总监。

融媒体产品。大家扫描这个二维码可以看到,有图文介绍、有视频中我们的主持人介绍交易规则。科创板开市,对于普通投资者来说可能最重要的一点还是要搞清楚科创板的交易规则到底怎么回事。事实上,大多数投资人尽管投资热情高涨,但在此之前对交易规则是不太了解的。也就是说,服务投资者、助力投资者教育其实就是我们的日常工作。

下面我想以我们的一些具体实践为例,来谈谈财经媒体如何深度参与投资者教育工作。刚才很多嘉宾已经提到了这个"股东来了"的节目。这是央视财经频道参与主办的,但是在上海地区第一财经也参与了承办,我们的团队对这个项目投入了很大心力,也获得很多启发。之前,第一财经就有一个类似的电视讲堂,叫"财智双全",其实就是一个电视大赛的周播版,每周都会有四五个嘉宾参与答题,在答题过程中帮助观众梳理投资理念,普及理财知识。

这是我们和中国证券业协会,在科创板开市之前,共同发起的一个视频项目"懂行",邀约国内一线券商和行业研究精英,针对科创板六大重点支持领域,请他们逐个讲述科创板的行研报告。当时我们做了这样一个概念——这是科创板的第一份行业研究视频报告,通过我们的客户端和电视节目双屏呈现,在机构和投资人当中引起了很大的关注。同时,我们也上海证券交易所合作了"科创时空"项目,通过4条短片走近科创板。直到现在,这4条短片还在第一财经电视屏幕上反复播出,当作片花那样反复播,非常好地起到了服务投资者的的作用。

下面两个案例可能和资本市场投资者关系不大,但是关乎我们整个国民金融素养的提升,和国民财商教育是高度相关的。大概从三四年之前,我们就开始着手打造"财商童星"这样一个品牌,我们定期做训练营,后来还发展成为少年商学营,就是从娃娃抓起,从幼儿园开始,我们逐级地针对学生举办冬令营或者夏令营活动,而少年商学营就是我们和哈佛上海中心合作完成的一个由高中生参与的商业实践案例。

我讲这样一些案例是想和大家分享,财经媒体为什么要把参与投教工作作为我们的责任所在。它跟我们的初心和使命是高度相关的。第一财经在2003年成立以后,一直致力于为中小投资者服务。我们也分析过自身的优势,作为证券市场的"守望者",财经媒体更贴近市场、更贴近投资者、更熟悉监管动向,具有成为投资者教育第三方机构的天然优势。具体来说,一是拥有专业的传播团队、权威的信息渠道、稳定的嘉宾队伍等深厚的资源积累。二是拥有整合金融机构、监管机构、社会组织等外部合作资源的人脉和经验积累。三是拥有长期深耕财经领域所积累的受众公信力和影响力。

下面我再介绍一下在我们投教领域的一些探索方向。一是将投资者教育的范围向年轻化延展,比如,之前提到过的财商童星夏令营、少年商学营,还有大学生财智夏令营。刚才韩教授介绍的大学生的诉求我也深有体会,我们当时为了招募大学生来参加活动,承诺他们会有金融机构来现场观察大家的表现,未来对同学们的就业有帮助。当时我记得60位大学生入围了总决赛,他们来自全国53所高校,包括海外的3所著名高校,涉及的范围非常广。二是线上线下相结合,比如,我们依托频道的名牌节目"谈股论金"所做的"牛散训练营",在投资人当中影响很大。第三,我们逐步注重我们的表达方式,希望用丰富和多元的表达方式来服务受众,比如,电视大赛和电视讲堂。第四,我们要扩展传播渠道,刚才我介绍过,像这样一些新媒体作品,其实早已不再通过电视屏幕传播了,完全是通过移动端,可以随时随地点击观看,随时随地浏览,这就是我们的几个探索方向。

我有一个蛮深的体会,在投资者教育工作中,我觉得过去媒体还是缺位的。无论是过去一段时间发生的P2P风险的爆发,以及更早前的各种地方交易平台的这样一种风险的集聚,传播的缺位是比较严重的。这些年来金融机构是投资者教育的主体,但是光有金融机构是远远不够的,如果说能够把媒体纳入投资者教育的主体当中,可能会有助于整个投资者教育的工作开展。

第一财经有这样一个打算,在适当的时候,举办投资者教育这个生态的"合伙人大会"。据我了解,协会、交易所以及各个会员单位,很多很多的机构都在自己做着很多投教内容。而第一财经是第三方平台,我们想做一个合伙人大会,让大家的作品到我们的平台上呈现,以更开放的方式来服务受众。如果能开成这个大会,欢迎大家来跟我们进行合作。

最后我想说的是,2015年的时候国务院就发布了一个指导意见,提出要将金融知识普及教育纳入国民教育体系,切实提高国民金融素养。投资者教育作为一项国家战略,形成多主体参与的投资者教育体系是未来投资者教育的发展方向。第一财经作为一家媒体,是一个链接与服务的角色,我们愿意携手监管机构、金融机构、教育培训机构和更多的社会组织在整个投资者教育当中,扮演好我们的角色,不负我们的初心和使命。我相信在这个过程中,不仅是一个公益行为,当把公益行为做到极致的时候,也会产生很多的市场机会。所以,我们很愿意服务大家,也欢迎大家来跟我们进行广泛的合作。相信随着理性、成熟的投资者队伍的日益壮大,中国资本市场的明天将会更加美好,中国财经媒体的明天也会更值得期待。

谢谢大家!

券商营业场所投资者园地电子化发展探讨

赵秀芹*

我主要从目前券商营业场所投资者园地的现状、投教者园地电子化的特点以及怎样实现投资者园地电子化这三个方面向大家做一个汇报。

一、券商营业场所投资者园地的现状

2019年5月15日,中国证券业协会、上海证券交易所、深圳证券交易所均发布了投资者教育工作指引。《证券经营机构投资者教育工作指引》中第16条提到,券商营业场所要建立多媒体投资者园地,并对包括园地内展示内容等做了比较详细的要求。

工作指引发布以后,我们去很多券商的营业部现场拍了投资者园地的照片,发现很多园地仍然是通过张贴海报、宣传册以及易拉宝展板来进行投资者教育工作。很多营业部的投教园地运作形式依然比较传统,仍是总部通过邮寄分发将投教内容发送到各个营业部,营业部拿到材料后按总部的要求打印,在将其张贴在投资者园地上。

这样就会产生几个比较集中的问题,首先,园地不是很美观,也比较乱,而且内容产品无法做到统一更新;其次,很多新型营业部,营业场所并不宽裕,无法保证提供足够的场地,张贴展示较多的投教内容;最后,通过这种方法日常维护营业部投教园地耗费大量人力、物力,占用了营业部不少的人力资源,而且很多都是重复劳动。此外,最重要的一点是营业部投教者园地的内容是否吸引投资者,投资者是否实实在在地浏览观看了投教内容,以及看了以后有什么样的反馈,这情况都无法统和反馈。

大家都知道现在是“互联网+”的时代,投教内容可以以视频、动漫、游戏等载体形式制作,形式丰富多彩、生动活泼,能够吸引投资者,并且比较容易接受。而通过张贴纸质内容这种的传统形式显然已无法适应时代的变化,并且也无法获取投资者的

---

* 上海傲度金融信息服务有限公司董事长。

反馈,形式上脱节,内容上落后,实质上达不到投资者教育的初衷。

二、投资者园地电子化的特点

经过研究论证,我们认为投资者园地非常适合进行电子化的改造。对投资者园地进行电子化改造主要有以下几点意义:

(1)解决传统园地更新维护方面的问题;

(2)建立与投资者之间的双向交互;

(3)将投资者教育基地进行有效延伸。

比如,投资者在园地里浏览投教产品,更偏爱看哪方面内容?证券历史还是创新业务?喜欢什么形式?电子书还是视频?是否扫码下载内容?是否通过园地设备留言互动等。通过投资者园地电子化,我们就能将所有园地的投资者情况进行互联网连接,建立投资者接受教育偏好的大数据库,并且实时、动态传送到券商总部,便于总部工作人员第一时间获得最新的数据信息。券商总部在对这些数据信息进行比对统计后,就能做到投教内容和产品的精准推送。比如,游戏答题类的点击数较高,就可多制作一些答题类的小游戏推送到各营业场所的园地中,如果对视频类的点击较多,同理依然。

这样就能够把营业部负责投教的人员的精力解放出来,从而能有更多的时间和精力去开展一些特色活动。而且总部人员的管理能力也可以直接延伸到投资者教育一线,将投资者教育基地的功能通过投教园地电子化延伸到各个营业场所。

此外,现在有部分证券公司已经开始探索,将传统营业部打造成为智慧营业厅,而投教者园地电子化运作将在平台管理、人员管理、数据维护、系统升级等方面积累不少宝贵经验。特别是营业部一线人员通过互联网进行投资者教育服务工作与开展日常业务相结合的有益尝试,能给券商未来打造智慧营业厅提供很多前瞻性的探索和参考。

三、怎样实现投资者园地电子化

具体到营业部投资者园地电子化的实践,我们目前主要有这几种方式:第一,通过投教一体机,将总部直送内容、营业部个性化内容、营业部活动展示等,在投教一体机上全部展现出来。这些投教内容都是根据统一的管理平台由总部统一管理,实时推送到各个安装有投教一体机的营业部。

而投教一体机的触控屏不仅可以落地安装,也可以挂在墙上,不占用营业部更多的空间。有些券商还把投教一体机与书柜、茶几等组合在一起,围出一个小区域,布置得非常温馨。

另外,触控屏采取双屏触摸方式,给投资者提供互动点击操作途径。以往我们给券商制作的很多投教内容,如沙画、视频、动漫类等,投资者都可以在触控屏上点击,有些甚至可以通过微信扫码下载到投资者自己手机上。此外,我们在实践中还发现,证券市场上的一些交易规则、交易品种等,如果通过上述模式展示,更便于投资者接受,投资者的关注度很高,效果非常好。

第二,在营业部投教一体机安装到位后,我们会提供一个配套的后台管理软件,通过互联网对这些投教一体机进行统一管理。总部管理员可以通过管理软件对营业部所有触控屏的内容进行操作设置,包括更新内容、监控浏览情况、统计访问量等。如有必要,也可以进行统一的视频互动交流。而营业部也可以通过后台管理软件发布一些自己营业部的相关信息,当然发布之前需要经过总部管理员的审核。

通过以上途径,保证总部或者营业部的特色投教产品和活动及营业部员工资料都能及时传播出去。我们希望通过这些做法,不仅能够帮助券商大幅节省时间成本、人力成本,而且能把总部投教基地的优秀投教内容,通过营业部投资者园地电子化途径传递出去,使券商投教基地的作用最大化。

通过营业部的力量,再加上总部的投教力量,将投资者吸引到营业部现场,让他们主动并且乐于接受投资者教育。同时,解放营业部的投教工作人员,让他们有更多的时间走进社区、高校开展更多面对面的投教活动。通过电子途径和现场投教活动,把券商的优秀投教作品,及监管部门和自律组织的优秀投教作品,更快、更迅速地传递给投资者。

这两年,傲度已经为近30家券商提供了投教基地的建设和运营服务,并为券商制作投教产品,希望通过我们的努力,协助经营机构做好投教工作,把健康的投资理念传播出去。谢谢大家!

征稿启事

中证中小投资者服务中心(以下简称投服中心)是由中国证监会批准设立并直接管理的证券金融类全国性公益机构。《投资者》是投服中心主办、拟向社会公开连续出版的综合性出版物。宗旨是维护投资者权益,为投资者提供保护与服务。

《投资者》以法学领域探究为侧重点,展现国内外投资者权益保护的最新理论与实务动态,内容以境内为主,境外为辅;以实践为主,理论为辅。分为"政策解读""理论探究""公司治理""市场实务""投教园地""案例探析""域外视野"等部分,每辑根据实际情况作适当调整。

《投资者》拟每季度出版1辑,全年出版4辑。

一、征稿范围

涉及法学、经济学及其他领域,与投资者尤其是中小投资者及其权益保护相关的理论和实践性作品。要求未曾公开发表或主体部分未曾公开发表。

二、投稿须知

1. 文章应当论点鲜明、逻辑严谨、可读性强、贴近市场,具有学术深度和实践应用价值,字数在8000～10,000字为宜,特别优秀的理论文章字数不限。

2.《投资者》编委会保留对来稿进行文字性和技术性修改的权利。除作者特别说明外,其文章均为个人观点,与其所在单位、职务无关;不代表投服中心观点,文责由作者自负。

3. 来稿请附上作者的姓名、单位或学校、职称或职务、通信地址、邮编、电话、电子邮箱。

4. 请将Word文件发送至电子邮箱:tzzbjb@ isc. com. cn。文章应符合国家著作权规定、学术规范及《投资者》编辑体例要求。

5. 来稿一经录用,编委会将及时通知作者;选用后将根据文章质量及字数从优支付稿酬,并奉送样书。北大法宝法学期刊数据库全文收入本书。

6. 联系人:汤沸　　电话:021-60290620

地址:上海市浦东新区世纪大道1701号钻石大厦B座11楼中证中小投资者服务中心《投资者》编委会,邮编:200122。

投服中心

《投资者》编委会

2019年8月

编辑体例

一、标题:宋体四号字,加粗,居中。

二、作者:宋体小四号字,居中,并用上标星号(＊)作为介绍作者脚注的标志,在脚注中注明作者姓名、工作单位、职务、职称。如有两名作者,第二名作者用两枚上标星号(＊＊),依此类推。

三、摘要、关键词:中文摘要200字以内、关键词3~5个。

四、正文:宋体小四号字,首行缩进,行距1.5倍。区分标题和要点,标题层级依次为"一、……""(一)……""1. ……""(1)……",要点层级依次为"1. ……""(1)……""①……"。一级标题采用小四号字体加粗;二级标题采用黑体小四号字不加粗;三级标题宋体小四号字,不加粗。引用具体法律文件应加书名号,如《证券法》《上市公司重大资产重组管理办法》。法条序号(第×条、第×款、第×项)。时间(世纪、年代、年月日等)。数量金额等用阿拉伯数字,但直接引用原文的从原文。

五、注释:一律采用脚注,全文每页重新编号,注码放标点之后,注码符号为"①②③……"非引用原文者,注释前加"参见";引用资料非原始出处者,注明"转引自";宋体五号字。

注释示例如下:

1. 著作类

(独著作品)费孝通:《乡土中国》,人民出版社2015年版,第134~135页。

(合著作品)范健、王建文:《商法的价值、源流及本体》,中国人民大学出版社2007年版,第10页。

(多人合著作品)左卫民等:《中国基层司法财政变迁实证研究(1949—2008)》,北京大学出版社2015年版,第88页。

(编辑作品)何勤华编:《律学考》,商务印书馆2004年版,第65~67页。

(中文译著作品)[英]洛克:《政府论》(上篇),瞿菊农、叶启芳译,商务印书局1982年版,第15~16页。

(台港澳作品)温洪隆:《新译战国策》(下),台北,三民书局2006年版,第18页。

(间接引用文献)参见王泽鉴:《民法学说与判例研究》,北京大学出版社2009年版,第108页。

2. 期刊论文类

(期刊)顾培东:《也论中国法学向何处去》,载《中国法学》2009年第1期。

(论文集)郭道晖:《社会权利与控制社会》,载江平主编:《比较法在中国》(2003年卷),法律出版社2003年版,第51~58页。

(学位论文)雷丽清:《中美内幕交易罪比较研究》,华东政法大学刑法学2012年博士学位论文,第12页。

3. 报纸类

陈甦、陈洁:《投服中心持股行权:理念创新与制度集成》,载《上海证券报》2017年1月4日,第7版。

4. 古籍类

《清实录》卷一四六。

5. 辞书类

《牛津法律大词典》,光明日报出版社1988年版,第99页。

6. 网络类

贺卫方:《在英国法的圣殿里》,载北大法律信息网文献库:http://article.chinalawinfo.com/ArticleFullText.aspx? ArticleId=77444&listType=0,最后访问日期:2017年8月5日。

7. 外文著作类

Richard H. Thaler, *Misbehaving: The Making of Behavioral Economics*, W. W. Norton & Company, 2015, p. 6.

8. 外文期刊类

Forrest Briscoe and Katherine C. Kellogg, "TheInitial Assignment Effect: Local Employer Practices and Positive Career Outcomes for Work-Family Program Users", *American Sociological Review* 76, 2011, p. 292.

9. **外文案例类**

Greebel v. FTP software, Inc. ,194 F. 3d 185(1st Cir. ,1999).

10. **外文网站类**

Rick A. Fleming,“Enhancing the Demand for IPOs”, Accessed July 19, 2017. https://www. sec. gov/news/speech/fleming-enhancing-demand-ipos－050917.

图书在版编目(CIP)数据

投资者. 第8辑 / 郭文英主编. -- 北京 : 法律出版社, 2019
ISBN 978-7-5197-4161-7

Ⅰ. ①投… Ⅱ. ①郭… Ⅲ. ①投资-研究-中国②投资-金融法-研究-中国 Ⅳ. ①F832.48②D922.280.4

中国版本图书馆CIP数据核字(2019)第297634号

投资者(第8辑)
TOUZIZHE (DI-8 JI)

郭文英 主编

策划编辑 陈 妮
责任编辑 陈 妮
装帧设计 李 瞻

出版 法律出版社
总发行 中国法律图书有限公司
经销 新华书店
印刷 固安华明印业有限公司
责任校对 马 丽
责任印制 吕亚莉

编辑统筹 法治与经济出版分社
开本 787毫米×1092毫米 1/16
印张 12.75
字数 230千
版本 2019年11月第1版
印次 2019年11月第1次印刷

法律出版社/北京市丰台区莲花池西里7号(100073)
网址/www.lawpress.com.cn
投稿邮箱/info@lawpress.com.cn
举报维权邮箱/jbwq@lawpress.com.cn
销售热线/400-660-8393
咨询电话/010-63939796

中国法律图书有限公司/北京市丰台区莲花池西里7号(100073)
全国各地中法图分、子公司销售电话:
统一销售客服/400-660-8393/6393
第一法律书店/010-83938432/8433　西安分公司/029-85330678　重庆分公司/023-67453036
上海分公司/021-62071639/1636　深圳分公司/0755-83072995

书号:ISBN 978-7-5197-4161-7　**定价**:68.00元
(如有缺页或倒装,中国法律图书有限公司负责退换)